Cien Por Ciento
de Comisión
de Corretaje Para Agentes
de Bienes Raíces

Publicado por 99 Pages or Less Publishing, LLC
Miami, FL
www.99pagesorless.com

Para descuentos por volumen escribir a:
info@99pagesorless.com

Portada diseñada por: 2Faced Design
Traducido por Laura Massignani

Impreso en los Estados Unidos de América.
10 9 8 7 6 5 4 3 2 1

Número de Control de la Biblioteca del Congreso: 2016906539
ISBN 13: 978-1-943684-13-7

Aviso Legal: Esta publicación está diseñada para educar, entretener y proporcionar alguna información general sobre el proceso del modelo de cien por ciento de comisión de corretaje de bienes raíces. No pretende proporcionar asesoramiento legal. Las leyes y prácticas a menudo varían de estado a estado y están sujetas a cambios. Por lo tanto, el lector debe consultar con su propio abogado o asesor profesional competente antes de aventurarse al modelo cien por ciento de comisión de corretaje de bienes raíces.

Se ha realizado todo el esfuerzo para hacer que este manual sea lo más completo y preciso como sea posible. Sin embargo, pueden existir algunos errores tipográficos y errores en el contenido. Ni los autores ni el editor asumen responsabilidad alguna por cualquier error u omisión. Más aún, los autores y los editores no tendrán obligación ni responsabilidad hacia cualquier persona o entidad con respecto a cualquier pérdida o daño causado, o que supuestamente hayan sido causados, directa o indirectamente, por la información contenida en este libro.

Dedicatoria

Para el empresario inteligente que adopta el
cambio y aprovecha la oportunidad,
este libro es para ti. Gracias.

"Cambia, antes de que tengas que hacerlo."

—JACK WELCH

Cien Por Ciento
de Comisión
de Corretaje Para Agentes
de Bienes Raíces

Todo lo que necesitas saber en 99 páginas o menos®

ARAM SHAH

99PAGES®
OR LESS

Otros Libros de Aram Shah

*Reo Boom: Cómo Administrar, Enlistar,
y Hacer Dinero Con Propiedades Reposeídas*

*El Arte de Vender Propiedades al Por Mayor: Cómo Com-
prar y Vender Bienes Raíces sin Efectivo o Crédito*

————————

Para preguntas, comentarios, para conocer a nuestro
entrenador de negocios o para descargar formas
gratuitas para ayudar a hacer crecer su negocio
de bienes raíces, por favor visite:

100PERCENTREALESTATE.COM

Contenidos

Introducción

En 2005 empecé mi primera firma de corretaje de bienes raíces en la habitación de la casa de mis padres en Miami, Florida. No tenía capital inicial, ni recursos, y muy poca experiencia. Yo tenía veinticinco años de edad en ese momento, recién había aprobado mi examen de corredor, y me di cuenta de que quería un pedazo del mercado de Miami. Diez años más tarde, construí uno de los mayores negocios de corretaje en Florida, con más de 500 socios comerciales, y he creado una fuente de ingreso de efectivo constante con un promedio de $50,000 al mes, mientras trabajaba sólo cinco horas a la semana, y finalmente vendí todo en 2015. Todo esto se logró mediante la creación de un nicho en el mercado con el modelo cien por ciento de comisión de corretaje.

El corretaje de bienes raíces es un negocio desvalido, especialmente para una compañía independiente, o "indie" que recién comienza; nadie te ve venir. La clave de la venta de mi empresa y la creación de una resistente fuerza de ventas estaba haciendo algo que nadie más hizo – devolver todo el dinero a mis agentes, menos una pequeña tasa fija por transacción. Fue increíble. De hecho, nadie creería la cantidad de dinero que se podría hacer. Era una situación increíblemente beneficiosa para todos.

Mis agentes se quedarían con el cien por ciento de su comisión, generando así más ingresos que al colgar sus licencias junto a la de un corredor tradicional de bienes raíces, y yo me quedaría con una pequeña tasa fija para mí mismo. Con el tiempo descubrí una correlación directa entre más agentes, más ingresos. Si bien mi competencia (lo tradicional, corredores sin el cien por ciento - básicamente, todos los demás en el mercado) estaba luchando por mantenerse a flote con sus intensos gastos (tasas de franquicia, lujosas oficinas, sueldos jugosos, etc.), yo logré barrer la participación del mercado.

Dado que no había ningún prototipo para este modelo de corretaje, experimenté una gran cantidad de prueba y error, y como resultado he perdido un montón de dinero en costos de oportunidad.

En lugar de colocar mis ingresos en inversiones demostradas tales como las propiedades de flujo de caja, lo mantuve en el corretaje, sin saber lo que podría suceder. Fue una pronunciada curva de aprendizaje. Sin embargo, al final he aprendido el arte de la construcción del corretaje y a proporcionar un valor excepcional a mis agentes. Todos estaban felices y el mercado recompensó eso con dólares y centavos. Este libro es la revelación de mi viaje y de los métodos para construir una empresa cien por ciento de comisión de corretaje. Todos los profesionales del sector de bienes raíces, los agentes de bienes raíces, corredores, los inversores y los compradores encontrarán valor en las páginas siguientes, ya que el modelo aplica para todas las partes.

Si eres un agente de bienes raíces que no se encuentra bajo este modelo que se centra en la comisión del cien por ciento para el agente, entonces lee este libro de principio a fin con una mente abierta. Te ayudará a ahorrar miles de dólares en comisiones perdidas, lo que significa que, en última instancia, generarás miles más. Si en este momento eres un agente de bienes raíces que está con un corredor de comisión del cien por ciento, lee este libro con el objetivo de comprender cómo el agente hace dinero, para que puedas decidir si es o no el corredor más adecuado para tus necesidades.

Por último, si eres un corredor de bienes raíces novato o experimentado que está luchando para obtener beneficios o quieres aumentar tus ingresos, entonces presta atención a los principios de este libro; funcionarán de maravilla. Los compradores de casas y los inversores también se benefician sabiendo que su agente se encuentra bajo un plan de comisión del cien por ciento, debido a que muchos agentes con el cien por ciento de comisión ofrecen reembolsos a sus clientes que salen de su comisión (es decir, ellos te pagan para comprar o vender).

Los bienes raíces siempre han sido una pasión para mí, y mi amor por el juego me ha permitido mejorar constantemente la industria haciendo reembolsos. Mi primer libro, Reo Boom: Cómo Administrar, Enlistar, y Hacer Dinero Con Propiedades Reposeídas, comparte los secretos sobre las propiedades reposeídas ('REO' por sus siglas en inglés, "Real Estate Owned", o propiedades embargadas tras juicio hipotecario. REO es un término de la industria financiera que hace referencia a las propiedades que una institución ha ejecutado y que ahora le corresponden), mientras que mi otro libro, El Arte de Vender Propiedades al Por Mayor: Cómo Comprar y Vender Bienes Raíces Sin Efectivo o Crédito, ofreció consejos de expertos sobre contratos de bienes raíces sin dinero en efectivo o crédito. Espero que este libro llegue a todos los actores de bienes raíces en el mercado que quieren ver un cambio económico y una mejora en sus vidas. Mi objetivo es hacer esto en 99 páginas o menos. Por lo tanto, ¡abrocha tu cinturón de seguridad y comencemos!

ARAM SHAH
@SHAHOFMIAMI

1

La Muerte del Antiguo Modelo de Bienes Raíces

Hace mucho tiempo, las casas de corretaje o de bienes raíces, solían cobrar a sus agentes el 50% de cada compra y transacción. Si el agente cerraba un acuerdo y hacía $3,000 en comisión bruta, la firma de corretaje tomaba $1,500. Este "modelo centrado en el corretaje" estaba justificado debido a la falta de tecnología y de velocidad de la información en el mercado. No existía Zillow.com para dar valor a las viviendas de forma gratuita, no había sindicación de listados en línea, no había listados de tasas fijas, no existían oficinas virtuales, y seguramente no existían empresas con cien por ciento de comisión de corretaje; sólo establecimientos fijos. Una tienda se convirtió en dos, dos se convirtieron en cuatro, y el resto es historia, dando paso a Re/Max, Century 21 Real Estate, Coldwell Banker Real Estate, Better Homes and Gardens, Keller Williams Realty, y cientos de franquicias de grandes empresas de bienes raíces distribuidas por todo el país.

Los corredores controlaban el inventario, proporcionaban el espacio de oficinas, y generaban las "oportunidades" del comprador y del vendedor y se los entregaban a los asociados de ventas más experimentados. Todos querían las "mejores oportunidades", pero

1

odiaban el recorte del 50% del pago. No quedaba otra alternativa, ya que el corredor era el jefe. Este modelo creció a un ritmo galopante hasta mediados de 1980, cuando más agentes de bienes raíces entraron en el mercado, junto con agentes "independientes" o sin franquicia. Este suministro adicional de servicios de corretaje llevó a agresivos pagos de agentes de corretaje/comisión: divisiones de 70/30 y 80/20. Había más corretajes luchando por los mismos agentes. Así que los corredores tenían que ofrecer un mejor plan de compensación que las franquicias de grandes empresas de bienes raíces.

El agente se quedaría con el 70 o el 80% de la comisión que produjo y el corredor se quedaría con el resto. Poco a poco el corredor/propietario se daba cuenta que había rendimientos decrecientes en "nombres de franquicia" y que simplemente no valía la pena el gasto. Con mayores pagos a los agentes y elevadas tasas de franquicia, quedaba poco espacio para hacer dinero. De hecho, éstas fueron las principales razones del por qué corredores y agentes se independizaron:

1. No querían pagar la tasa de franquicia (por lo general un 6% de la comisión bruta y un 2% para publicidad [un considerable 8%]).
2. Querían crear una marca por sí mismos, y no de otra empresa. Después de todo, cuando no renovaban el contrato de la franquicia podían perder todo el fondo de comercio (contactos, clientes potenciales, sistemas, etc.).
3. Tenían puntos de vista conflictivos con el franquiciador, que sólo se preocupaba por la apertura de más tiendas (crecimiento) y por percibir más tasas.
4. Tenían poco o ningún control. La publicidad, el protocolo y los procedimientos normalizados de trabajo tenían que ir a través de resmas de papeleo para su aprobación.
5. No existía ningún valor agregado adicional. Los costos no eran mayores que los beneficios.

Hoy los números por empresas con franquicias frente a las sin franquicias cuentan la historia; el antiguo modelo de las franquicias de grandes empresas de bienes raíces está desapareciendo. De acuerdo con el Perfil de Empresas de Bienes Raíces de la Asociación Nacional de Agentes De Bienes Raíces[1], se les envió a 134,108 Realtors® (agentes de bienes raíces) una encuesta en línea, a la cual respondieron 7,081. Los resultados: el 84% de las empresas de bienes raíces son independientes, el 14% son empresas de franquicias independientes, y el 2% restante se divide en partes iguales entre filiales de una empresa nacional y regional, tanto en empresas franquiciadas y no franquiciadas. El modelo de las grandes franquicias de bienes raíces de la vieja escuela está muriendo. Los agentes ya no quieren trabajar duro; quieren trabajar con más inteligencia. No necesitan oficinas ni oportunidades indiferentes; pueden generar clientes potenciales por sí mismos con medios de comunicación social focalizados, y oportunidades para publicidad como Facebook o Realtor.com.

Incluso algunas compañías independientes no franquiciadas ofrecen a sus agentes solamente un 50-60% de comisión y algunos agentes se sienten cómodos al pagarla, con la idea errónea de que es la única manera de "conocer" el negocio. Éstos, por lo general, son los cinco a diez negocios de corredor-agente con un fuerte entrenamiento por parte de los corredores, lo que les impide escalar y crecer debido al intenso tiempo empleado en la capacitación de sus asociados de ventas.

Entonces ¿por qué renunciar a un 50%, 60%, 70%, 80%, 90% o incluso el 99% de su comisión ganada para su corredor? Aunque el modelo de comisión del cien por ciento puede no ser para todos los agentes, yo argumento que debería ser así debido al avance de las redes sociales y la tecnología que permite a cada agente lograr precios competitivos y servicios similares a los que ofrecen las grandes empresas de bienes raíces.

Los partidarios de los modelos centrados en el corredor de las

---

1 http://www.realtor.org/news-releases/2014/10/
   real-estate-firms-optimistic-about-future-of-industry.

grandes empresas de bienes raíces argumentan que las empresas cien por ciento de comisión no ofrecen ninguna ayuda o entrenamiento, pero no existen pruebas suficientes para respaldar estas afirmaciones. Algunas técnicas de propaganda que he visto incluyen el lavado de cerebro del potencial agente de bienes raíces al momento de educarlos (por ej., la escuela de bienes raíces) para que se "cuiden" de los corredores del cien por ciento de comisión que traten de reclutarlos, por su supuesta falta de proposiciones de valor agregado. No los culpo por intentarlo, pero es muy difícil competir contra el precio.

Si vas a comprar el producto A, que ofrece exactamente las mismas características que otro producto, el producto B, pero es más barato el producto A, ¿por qué no elegir el producto A? La única manera de competir es arrojar el producto A "debajo del bus." Este es, por desgracia, el último recurso para las grandes empresas de bienes raíces para mantenerse con vida, por lo que a menudo hablan con rapidez mal del modelo de comisión de corretaje del cien por ciento.

El mercado es feroz. Las grandes empresas de bienes raíces lo tienen difícil con los largos compromisos de franquicia, de seis a ocho por ciento de cada dólar de la marca de otra persona, sin autonomía individual, y competencia feroz. De 2010 a 2015, recluté a docenas de agentes de grandes franquicias, que me han dicho en repetidas ocasiones que tienen que pagar enormes tasas de sus propias transacciones que generan ellos mismos. Los corredores pasan el seis por ciento a sus agentes, luego, asignan su división del 70/30 o 80/20, y después toman su tasa de transacción, luego su tasa mensual, y luego su tasa de tecnología. Al final del día, el agente se queda con, como máximo, el 50% de su ingreso inicial.

Las franquicias de las grandes empresas de bienes raíces, por desgracia, tienen que funcionar de esta manera, ya que son adquiridas. ¿Cómo más se puede justificar el 50% neto al agente y al corretaje sin la lujosa oficina, generación de clientes potenciales, entrenamientos corporativos, y empleados asalariados? Es un escenario en el que todos pierden, que a menudo puede causar que tanto el agente de bienes raíces y el corredor/propietario emprendan su propio negocio y abandonen todo.

Por lo tanto, lo único que estas empresas pueden hacer es vender, a la antigua, la visión mediante el uso de "humo y espejos", que incluye decenas de reuniones de ánimo, oradores invitados, seminarios, celebración de redes laborales, todo para mantener el pegamento a ambos lados del rompecabezas. Por desgracia, durante el primer año de su empleo, los agentes novatos a menudo quedan atrapados en la publicidad, o en el "aumentar las ventas", pero con el tiempo buscan soluciones alternativas, mientras que los corredores cien por ciento se sientan y esperan atrapar la demanda de los agentes, ya que vuelven a entrar en el mercado laboral. Tarde o temprano, muchos agentes sólo se cansarán de ver que sus ingresos que han ganado con esfuerzo llenan los bolsillos de su gran franquicia, por lo que comienzan a buscar una alternativa de menor costo, ser trabajadores del cien por ciento. Esto, en pocas palabras, es el juego del corretaje de bienes raíces en la mayoría de los mercados, en la mayoría de las ciudades.

El 5 de enero de 2015, Inman.com, líder en noticias del mercado de bienes raíces, realizó una encuesta a 777 corredores independientes y profesionales del sector de bienes raíces, y compiló sus conclusiones en un informe especial titulado "El cambio hacia las corredurías independientes."[2] Este informe encontró aún más evidencia válida con respecto a por qué el modelo de las grandes empresas de bienes raíces está muriendo lentamente. Lo que sigue es una muestra de las preguntas y las respuestas dadas.

Cuando se les preguntó, "¿Por qué no estás actualmente afiliado a una marca de franquicia?" Más del 90% eligió "No vi el valor" como respuesta. Cuando se les preguntó, "Los corretajes independientes están en aumento. ¿Por qué crees que es así?" Más del 60% de los encuestados seleccionó "Sentido de Propiedad" como respuesta. Otra pregunta importante fue "¿Quién distribuye más clientes potenciales

---

2 http://www.inman.com/2015/01/05/
special-report-the-shift-toward-independent-brokerages/.

a sus agentes?" Más del 60% seleccionó la respuesta "independientes" frente a la selección de "franquicias", que sólo recibió el 36,71% de los votos.[3]

En resumen, las respuestas de la encuesta Inman.com enfatizaron varias razones por las que los independientes están prosperando: la habilidad para personalizar y crear marca en línea, la personalización de los servicios a los consumidores finales que compran o venden sus casas, control independiente, menos burocracia y políticas, libertad para construir la propia cultura y convertirse en orgánico, y no ver ningún valor en concepto de tasa de franquicia, para nombrar algunas. Ahora, combina corretajes independientes con cien por ciento de comisión y tendrás un modelo con una potencia excepcional dispuesto a convertirse en un cajero automático.

Esta es la nueva ola de correduría de bienes raíces. Los corredores que lo adopten temprano y que cambien a este modelo se convertirán en millonarios si aumentan sus negocios siguiendo los principios descritos en este libro. Los agentes que reconocen estas dinámicas cambiantes y las abarcan ganarán hasta un 50% más en comisiones. Por último, los compradores inteligentes de casas y los inversores que reconocen cómo trabajan los corredores y los agentes se darán cuenta de que ellos van a querer trabajar con un agente de comisión del cien por ciento, ya que estos agentes tienen el poder de ofrecerles reembolsos en efectivo que salen de sus comisiones. El pastel es lo suficientemente grande como para dividirlo de muchas maneras.

Por el contrario, aquellos que son tercos y establecen sus formas verán su negocio gotear hacia la nada. Bienvenido al mundo del cien por ciento de comisión de corretaje.

---

3 Ibid.

Capítulo 1
PUNTOS PARA RECORDAR

» El modelo centrado en el corretaje es el modelo de la vieja escuela, que ofrece bajas divisiones de comisión al agente, con el corredor controlando todos los aspectos del negocio.

» El modelo centrado en el agente es la manera más nueva de hacer dinero en el sector de los bienes raíces; da poder a los agentes para mantener la mayoría de su pago, si no todo, y los pone en el asiento del conductor.

» El antiguo modelo de las grandes empresas de bienes raíces están muriendo a causa de los altos costos de las franquicias y de los gastos generales, rígida burocracia y control, metas conflictivas, y la falta de personalización y de marca individual.

» Las grandes franquicias de bienes raíces están demasiado consolidadas como para cambiar su modelo de corretaje a uno de comisión del cien por ciento, y por lo tanto se ven obligadas a aumentar las ventas, mediante el uso de "humo y espejos" para mantenerse a flote.

» Hay una gran oportunidad tanto para los corredores como para los agentes de adoptar el modelo de comisión del cien por ciento para lograr un mayor éxito financiero al quedarse con más dinero en cada uno de sus bolsillos.

2

La Verdad Acerca del Cien Por Ciento de Comisión

ntonces, ¿es el cien por ciento de comisión realmente un cien por ciento, o es demasiado bueno para ser verdad? Sí. Bueno, algo así. Permite que me explique. La estructura típica del modelo de corretaje del cien por ciento implica que el corredor le dé a su agente la totalidad de la comisión ganada (es decir, cien por ciento), menos una pequeña tasa fija por transacción. Algunos corredores cien por ciento, o trabajadores del cien por ciento, les cobran a sus agentes tasas mensuales por encima de la tasa fija, y casi todos cobran una cuota de seguro por errores y omisiones (E&O) (para defenderse contra las demandas legales), así como una tasa de transacción nominal (por ejemplo, $395) en el momento del cierre de la transacción. Esta tasa de transacción es habitual en toda la industria, desde el pequeño trabajador del cien por ciento hasta la franquicia de las grandes empresas de bienes raíces. Muchos compradores y vendedores consideran esto como una "tasa basura", ya que realmente no tiene nada que ver con la asistencia de vender o comprar una casa.

He aquí cómo todos los corredores lo perciben. Esta tasa de transacción es cobrada al agente por el corredor. Por lo general, el agente trata de pasar esta comisión a su cliente (vendedor o comprador). Si el cliente no quiere pagar esta tasa de transacción (que suele ser el caso, ya que todo es negociable), el agente termina pagando por ello. Muchas veces los agentes justificarán esta tasa fija nominal ya que están descontando sus servicios al comprador o al vendedor (por ejemplo, un agente puede tener un listado a un costo del cuatro por ciento frente al habitual seis por ciento, u ofrecer un reembolso en efectivo de $2,000 al comprar una propiedad, menos la tasa fija). Otra manera en que lo justifican es diciendo que una porción va a un "coordinador de transacciones en la oficina" para gestionar el papeleo.

En cualquier caso, si el cliente se niega a pagar, entonces el agente tiene que pagar, ya que por lo general es obligado por el corredor (es decir, política de la empresa). Sin embargo, ¡un agente no va a perder un cliente por un par de cientos de dólares! Como resultado, esta tasa es recibida por todos los corredores, tanto por trabajadores del cien por ciento como por las grandes empresas de bienes raíces.

Por lo tanto, las cuatro formas garantizadas de que un trabajador del cien por ciento haga dinero directamente por cada una de las transacciones de sus agentes son las siguientes:

1. Una tasa fija por transacción (típicamente entre $199–$995)
2. Una tasa por seguro de E&O por transacción (típicamente entre $50–$250)
3. Una tasa por transacción de comprador o vendedor (típicamente entre $199–$699)
4. Una tasa mensual (típicamente entre $49–$399) sin tasa de transacción o con una más baja.

Existen además múltiples flujos de ingresos ocultos que el corredor hace fuera de cada archivo, los cuales abordaremos en el capítulo siete. Por ahora, vamos a tirar algunos números detrás de este escenario. Supongamos un precio de venta de $250,000 y que el agente gana un 3%. En el escenario de un cien por ciento, el bruto del agente = $250,000 x 0.03, lo que resulta en $7,500.

Entonces, ¿cuál es la diferencia? Si un agente se emplea con una franquicia de una gran empresa de bienes raíces, la comisión típica recibida por un agente novato (un agente con uno o dos años de experiencia en el negocio) sería la siguiente:

NETO DEL AGENTE CON UNA FRANQUICIA DE BIENES RAÍCES

$250,000 PV x 3% de comisión = $7,500 de comisión bruta para el agente

- » Menos el 6% de la tasa de la franquicia: $450
- » Menos la tasa por transacción (sí, también la tienen): $299
- » Menos la tasa por tecnología: $50

$6,701 del total, ahora *menos* la partición de las tasas de comisión aplicable de las grandes empresas de bienes raíces (dependiendo del contrato entre el corredor y el agente):

Menos: modelo 60/40 de división

El corredor toma el 40% del agente: $2,680.40
El agente se queda sólo con el 60%: $4,020.60

Menos: modelo 70/30 de división

El corredor toma el 30% del agente: $2,010.30
El agente se queda sólo con el 70%: $4,690.70

Menos: modelo 80/20 de división

El corredor toma el 20% del agente: $1,340.20
El agente se queda sólo con el 80%: $5,360.80

Estas divisiones de las grandes empresas de bienes raíces dependen de las políticas de la empresa, pero son habituales en la mayoría de las compañías. Esto, por supuesto, no asume alguna tasa mensual, la cual muchas de las grandes empresas de bienes raíces también cobran (por lo general van desde $59 a $595 al mes). Incluso en una división del 80/20, el agente sólo mantiene el 20%, o $5,360.80, en su bolsillo. Compare esto con un negocio con comisión del cien por ciento y sin cargos mensuales:

NETO DEL AGENTE CON UN CORRETAJE DELCIEN POR CIENTO

$250,000 PV x 3% de comisión = $7,500 de comisión bruta para el agente

- ❯❯ Menos tasa fija: $300
- ❯❯ Menos tasa por transacción: $395
- ❯❯ Menos seguro E&O: $100

(Total de la tasa fija "todo incluido": $795)

Neto del Agente con la Comisión del Cien por ciento: $6,705.00

VS.

Neto del Agente con el 80/20 de las Grandes Empresas de Bienes Raíces: $5,360.80

=

¡$1,344.20 ahorrados al unirse a un trabajador del cien por ciento!

No hay duda de que el cien por ciento de comisión devuelve más dinero a los bolsillos del agente. Esto es válido especialmente para las propiedades de valores de compra más elevados que vende el agente.

Imagina una lujosa casa o condominio de $1,000,000 o más en mercados densos y deseados como Miami, San Diego, o la Ciudad de Nueva York:

$1 millón x 3% comisión de venta = $30,000
Menos la tasa fija todo incluido de $795
= ¡un neto de $29,205 para el agente!

Imagina que le das un 20% de tu comisión ganada en mano de $30,000 a tu corredor (es decir, $6,000). Simplemente no tiene sentido comercial asociarse a un trabajador que no sea cien por ciento.

Bien, entonces, ¿cuál es el truco? Aquí está. ¿Listo? Las casas reales de gama baja (y esto es lo que la mayoría, si no todos, los corredores cien por ciento no te dirán al contratar a un agente), tienen prácticamente la misma comisión efectiva neta dividida como la de una franquicia de una gran empresa de bienes raíces. Rehagamos los cálculos con un precio de compra hipotético de $75,000 en esta ocasión:

NETO DEL AGENTE CON UNA GRAN EMPRESA DE BIENES RAÍCES

$75,000 PV x 3% de comisión = $2,250 de comisión bruta para el agente

» Menos el 6% de la tasa de la franquicia: $135

» Menos la tasa por transacción (sí, también la tienen): $249

» Menos la tasa por tecnología: $50

Eso es $1,816 del total, ahora menos:

Menos: modelo 60/40 de división

El corredor toma el 40% del agente: $726.40
El agente se queda sólo con el 60%: $1,089.60

Menos: modelo 70/30 de división

El corredor toma el 30% del agente: $544.80

El agente se queda sólo con el 60%: $1,271.20

Menos: modelo 80/20 de división

El corredor toma el 20% del agente: $363.20

El agente se queda sólo con el 80%: $1,452.80

(Los tres pagos todavía están bajo una estructura de corretaje del cien por ciento).

NETO DEL AGENTE CON UN CORRETAJE DEL CIEN POR CIENTO

$75,000 PV x 3% de comisión = $2,250 de comisión bruta para el agente

» Menos tasa fija: $300

» Menos tasa por transacción: $395

» Menos seguro E&O: $100

(Total de la tasa fija "todo incluido" $795)

Cien por ciento de comisión neta para el agente: $1,455.00

Comisión real dividida: $1,455/$2,250 de comisión bruta = ~65%

A pesar de que la división de la comisión del cien por ciento termina siendo aproximadamente del 65% neto para el agente, todavía paga un poco más (en nuestro ejemplo se paga tres dólares más) que un modelo tradicional de las grandes empresas de bienes raíces. Al final del día, debes preocuparte por lo que hay en tu bolsillo (neto), no por el porcentaje que se produce.

Además, una cosa más: si un agente elige con qué cliente trabajar, uno que quiere comprar una casa de $ 75,000 o uno que quiere comprar una casa de $175,000, probablemente elegirá a este último, ya que paga más. Además, se necesita la misma cantidad de tiempo y esfuerzo para manejar una transacción de $75,000 o, pensando en grande, una transacción de $1,750,000. Igualmente tienes que programar citas, transportar a los compradores, abrir un depósito, escribir contratos, hacer inspecciones, etc.

Por otra parte, ¿cuál es la probabilidad de que su mercado tenga estas casas de menor precio (menos de $75,000)? Son pocas y distantes entre sí. De acuerdo con RealtyTrac.com, el precio de venta promedio en los Estados Unidos en abril de 2015 era de $192,000.[4] Por lo tanto, puesto que un agente valora su tiempo, vale la pena y paga más (literalmente) hacer negocios con una compañía de corretaje del cien por ciento, sobre todo para las propiedades con los precios de compra más altos.

---

4 http://www.realtytrac.com/statsandtrends.

Capítulo 2
PUNTOS PARA RECORDAR

» Las estructuras de cien por ciento de comisión pagan más y reintegran más dinero al bolsillo del agente que las divisiones de la comisión de las grandes empresas de bienes raíces.

» Un corredor del cien por ciento puede ganar dinero directamente de sus agentes en cuatro formas diferentes: mediante el cobro de una tasa fija por transacción, mediante el cobro de un seguro de E&O, mediante el cobro de una tasa de transacción al comprador o al vendedor, y a veces mediante el cobro de una cuota mensual para compensar un cargo más elevado de la tasa plana.

» Cuando los precios promedio de venta caen por debajo de los $75,000, el pago de la comisión del cien por ciento todavía paga un poco más que el de las franquicias de grandes empresas de bienes raíces, pero la comisión neta de la división pagada al agente es prácticamente la misma.

3

Cómo Reclutar Trabajadores del Cien Por Ciento

El reclutamiento se encuentra en el corazón del corretaje. Para crear una compañía de corretaje resistente que pueda producir un flujo constante de ingresos pasivos, tienes que reclutar agentes por docenas. El papel de un corredor es reclutar agentes de ventas, mientras que el papel de un agente es representar clientes (tanto vendedores como compradores). Dependiendo de la ley estatal, se requiere una licencia de asociado de ventas o agente para trabajar con un corredor por un cierto período de tiempo. Para algunos estados, este período es de tan sólo un año, mientras que, para otros, es de hasta cinco años.

En mi empresa, nuestra filosofía era "si tienen licencia y respiran, están dentro." Tomábamos a cualquiera. ¿Cero experiencia? No hay problema. ¿Ha estado en el juego durante treinta años? Aún mejor. Obviamente, el objetivo era encontrar agentes experimentados, pero descubrimos después de diez años de reclutamiento que los agentes experimentados eran muy difíciles de convertir. Estaban demasiado metidos. Demasiados trofeos en la pared, demasiados edificios, y ya recorrieron tanto camino y con tanto esfuerzo que eran privilegiados al tener una "elevada" comisión del 90% como mucho.

Los agentes más fáciles de integrar fueron los que "tomaban Kool-Aid" en las franquicias de grandes empresas de bienes raíces por un año más o menos, que conseguían un poco de experiencia a expensas de exhaustivos y elaborados programas de "entrenamiento" de la competencia, y estaban listos para el cambio. El dinero era la motivación; ellos mantenían sus ojos en el premio; nosotros manteníamos los ojos en ellos.

Una clave para el éxito de un corredor del cien por ciento es el reclutamiento, el reclutamiento, el reclutamiento. Si eres un corredor del cien por ciento estás vendiendo al precio. Si eres la mejor oferta en la ciudad, los agentes te llamarán para unirse a tu empresa. Recuerda: le estás ofreciendo al agente el cien por ciento de sus ingresos y manteniendo sólo una tasa fija por transacción. Si un cliente potencial llega a ti, es un regalo del cielo. A eso lo llamamos una "oportunidad caliente". Ellos pueden encontrarte a través de tu marketing en línea, por el "boca a boca", o por una referencia. Abordaremos el arte de la contratación de a cientos en un capítulo posterior. En este momento, necesitas entender que el objetivo principal de un corredor de comisión del cien por ciento es atraer al agente a la oficina.

En mi firma de más de 500 agentes teníamos un mantra - SEC: Siempre Estar Cerrando. Cualquiera que se dedique a las ventas sabe que nada importa hasta que la transacción se cierre y, en nuestro caso, contratar a un agente de bienes raíces era la transacción. Nuestra misión era añadir volumen a una velocidad supersónica.

Los cuatro hitos más importantes que cualquier nuevo corredor del cien por ciento necesita para acertar son: reclutar 50 agentes, reclutar cien agentes, reclutar 200 agentes, y reclutar 300 agentes. Una vez que una correduría puede crear una base de más de 300 agentes, se pone en piloto automático. Es una red gigante, de un valor elevado que se alimenta de manera automática: los agentes traen más agentes, quienes traen más transacciones, que se quedan con más dinero en sus bolsillos, que, a su vez, conduce a la referencia de más agentes.

Cuando un agente de bienes raíces aprueba su examen y está

buscando empleo, es solicitado por cientos de corredores (tanto como del cien por ciento como del no cien por ciento) que participan en su mercado local. Ten en cuenta que dentro de los "no cien por ciento" tendrás a las franquicias de las grandes empresas de bienes raíces. Por cada dólar que su agente hace, el franquiciador recibe una porción del pastel antes de que se le pague a alguien. Típicamente 6-8% sobre el ingreso bruto de la comisión se quita del total, y por lo tanto los corredores pueden, a lo sumo, ofrecer entre un 90-94% de pago de comisiones a sus agentes. Sin embargo, recuerda del capítulo dos que la división típica es entre un 50% y un 80% como máximo.

Cada firma de corretaje en el juego (trabajadores del cien por ciento y del no cien por ciento), le prometerá a un agente las mismas cosas. Aquí están las seis proposiciones de valor agregado más destacadas, en orden de importancia. Estas son las seis promesas no cumplidas con las que cada compañía de corretaje hace malabares constantemente para reclutar y retener a cientos. Se consideran "no cumplidas", porque es muy difícil proporcionar las seis proposiciones constantemente en un momento dado. Por ejemplo, muchas grandes empresas de bienes raíces negociarán una mayor división de la comisión del agente por una oficina de lujo.

A continuación, el orden de importancia va de arriba hacia abajo para un no cien por ciento, y de abajo hacia arriba para un corredor del cien por ciento:

1. Marca y Tecnología
2. Soporte
3. Espacio de Oficinas
4. Entrenamientos
5. Clientes Potenciales (Oportunidades)
6. Comisiones más elevadas

Las franquicias de grandes empresas de bienes raíces venden primero al "valor" y por último al precio. Tienen la marca de 200 años de edad, y una plataforma de alta tecnología, un soporte personalizado, salas de conferencias y cubículos para que trabajen sus agentes, entrenamientos en vivo, la generación de clientes potenciales, y, por último, una comisión de estructura escalonada en donde más ventas hagas, aumentan las comisiones. Por ejemplo, si eres un nuevo agente, ellos te ofrecerán una comisión del 50% y lo justificarán con las cuatro proposiciones antes mencionadas. Entonces, si eres productivo y generas ventas, alcanzarás hasta un 80, 90 o, tal vez, si eres el agente de ventas número uno en el área de los tres condados, un cien por ciento de comisión. Por el contrario, los trabajadores del cien por ciento venden primero al precio. Este es un ejemplo de argumentación de reclutamiento que utilizo al contratar agentes:

¿Por qué esquivar obstáculos, trabajar duramente para tu jefe, y verte obligado a asistir a reuniones de ánimo, cuando, desde el primer día, ya sea que cierres una transacción o cien, te quedas con el cien por ciento de comisión, menos un cargo por transacción de $199? ¿Tiene sentido? Además, permíteme contarte acerca de nuestro programa de clientes potenciales, de nuestro programa de tutoría personalizado, de nuestra sala de conferencias 24-7 y oficina, de nuestro soporte de corredor y de nuestra plataforma en línea. ¿Qué puede no gustarte? Además, no existe contrato alguno, por lo que puedes irte en cualquier momento y tomar tus listados. ¿Por qué?

No nos interesa quedarnos con tus listados. Recuerda que sólo hacemos un par de cientos por archivo; no repartimos tu pago y no te controlamos. Está bien, necesito una copia de tu licencia de bienes raíces; mientras tanto, por favor, comienza a llenar el acuerdo estándar del contratista independiente aquí.

¡Cierra, cierra, cierra! Es demasiado fácil.

Por supuesto, el corredor del cien por ciento tiene que ofrecer las otras cinco proposiciones de valor agregado para ofrecer algo distinto a la estructura del cien por ciento de comisión. Cuando comencé tuve una oficina virtual, pagaba $350 al mes y aseguré un edificio de oficinas profesionales de "Clase A" (primera clase) con una secretaria compartida y una espectacular sala de conferencias con vistas a la bahía. Los agentes traerían archivos o los subirían a mi sitio de back office, y yo revisaría la documentación y les pagaría el mismo día, menos mi tarifa de transacción nominal. Funcionó. Eso fue hace diez años. Hoy en día, si tú eres un corredor del cien por ciento sin los otros cinco elementos, estás muerto.

Pero no te preocupes. Si estás comenzando tu propio negocio, el capítulo siguiente es para ti.

Capítulo 3
PUNTOS PARA RECORDAR

» Los cien por ciento reclutan a todos; es cuestión de números.

» Los cien por ciento venden primero al precio, en oposición a los 'no cien por ciento', que venden primero al valor.

» Una red de gran valor se convierte en una máquina de efectivo después de que se alcancen los cuatro principales hitos.

» El cumplimiento de las seis proposiciones principales de valor agregado constantemente es la promesa incumplida que cada corredor intenta cumplir. Los que alcanzan esto desbloquean el secreto para reclutar de a cientos.

4

Cómo Comenzar Una Correduría del Cien Por Ciento de Comisión

Me encantó tener una correduría de bienes raíces. Era emocionante. Era fácil. Era divertido. Lo que de verdad me gustaba era que cualquier persona podía hacerlo; las barreras de entrada eran muy bajas. Al menos en Florida (y en la mayoría de los estados), no se requiere un título universitario. Aprobar el examen estatal como un agente de ventas, colgar tu licencia con un agente activo durante un par de años (dependiendo del estado), aprobar el examen de agente, ¡y ya estás listo para hacer millones! Bueno, tal vez no millones (inicialmente), pero sin duda harás cientos de miles. Muchos de mis amigos que tenían tiendas de gran volumen ganaban dos o tres veces el ingreso anual que el abogado, médico, arquitecto, o contador público promedio ganaba, y todas esas carreras requieren una rigurosa educación.

El modelo de comisión de corretaje es un juego de transacciones de alto ritmo y de alto volumen. Tienes que amar hacer tratos, tantos como puedas (con precisión), y tan rápido como sea posible. La mejor parte del modelo de comisión del cien por ciento es el ingreso pasivo. Es como comprar un edificio comercial multifamiliar o un pequeño edificio de oficinas comerciales sin poner los ahorros de toda tu vida en él para el pago inicial, sin el dolor de cabeza del arrendatario, sin reglamentos extenuantes, y, lo más importante, sin un préstamo bancario del 60-70%.

Es el ingreso puramente pasivo. Todos los días tu agente está saliendo a las calles, redactando contratos, mostrando casas, preparando acuerdos de listados, y abriendo garantías de apertura, mientras que tú estás en tu oficina haciendo cheques y pagando a agentes. Siempre solía decir que un negocio no es realmente pasivo, a menos que estés haciendo dinero mientras duermes. Esto es lo más parecido a eso. Una vez que tengas una buena fuente de ingresos pasivos legítimos, las empresas te comprarán y te pagarán una buena prima por ello. A menos que, por supuesto, no desees vender.

Así es como funciona. Todos los meses, tu agente cierra una transacción, tú obtienes tu parte (por ejemplo, $795), y les das el resto. A los agentes les encanta. Se quedan con todas las comisiones, menos tu tarifa fija por documento. A ti te encanta porque están motivados para hacer más negocios. El cliente lo ama porque muchos agentes ofrecen una parte de sus comisiones como una rebaja para la compra de viviendas, a lo que regresaremos más tarde. El punto es que es una tormenta agresiva y una vez que comienza, sólo te hace ganar más dinero.

En el capítulo dos, hablamos de las cuatro *formas directas* en que un corredor produce ingresos a partir de sus agentes. Aquí está el resumen:

1. Una tasa fija por transacción (típicamente entre $199–$995)
2. Una tasa por seguro de E&O por transacción (típicamente entre
3. $50–$250)
4. Una tasa por transacción de comprador o vendedor (típicamente entre $199–$699)
5. Una tasa mensual (típicamente entre $49–$399) sin tasa de transacción o con una más baja.

Estas son las tres *formas indirectas* en el que un corredor produce dinero a partir de sus agentes (que explicaré más detalladamente en el capítulo siete):

1. Cobrando una comisión dividida al estilo de las grandes empresas de bienes raíces por oportunidades entregadas (clientes potenciales) (por ej., 70/30).
2. Haciendo dinero impulsando su propiedad o una afiliada y compañías hipotecarias.
3. Adelantos de comisión y más ganancias.

Piénsalo de esta manera. Cuando ves un cupón en el periódico, lo recortas o lo descargas y escaneas con tu teléfono celular, y visitas a tu distribuidor más cercano. Cuando llegas a la tienda, el artículo que vas a comprar está, probablemente, situado en la parte de atrás, o al final de los pasillos. ¿Por qué? Para que camines por la tienda para comprar todo lo demás. De este modo, el artículo con descuento no es más que un "artículo perdido" y el dinero real se hace con todo lo demás en el medio de los pasillos.

Lo mismo ocurre con la correduría de comisión del cien por ciento. Ganas muy poco con los tratos de los agentes, pero generas márgenes a precio completo con los ingresos indirectos. Todo el negocio se basa en el volumen. Ahora sabes por qué las empresas más grandes tienen su título "interno" y una hipoteca todo en casa. Ellos argumentan la "conveniencia del todo-en-uno", pero si lees entre líneas, te darás cuenta de que el ingreso complementario es necesario para que puedas sobrevivir y crecer. Una vez que una firma independiente sea tan grande como una gran empresa de bienes raíces, puede ofrecer la misma proposición de valor o menú a la mitad de los costos. ¿Puedes culpar a un agente por no querer colgar su licencia con una gran firma de bienes raíces? Ese es el objetivo final y así es como tomas la cuota de mercado.

Nos sumergiremos en los aspectos prácticos de las siete fuentes de ingresos en el capítulo siete, pero por ahora sólo ten en cuenta que, como una correduría del cien por ciento, ¡tienes la habilidad de imprimir dinero! Si estás comenzando como un agente que acaba de obtener la licencia, piensa en ser dueño de tu propio negocio dentro de los próximos 24 meses. Cuando comencé, pasé de ser un agente de ventas con licencia a un corredor con licencia en tan sólo 12 meses. Sin interrupciones, sin experiencia (es decir, directamente desde la universidad). Sabía lo que quería, pero no conocía el potencial. He aprendido a lo largo del camino, y desearía haber tenido un libro como éste en aquel momento. Así que, agentes, líderes de equipo, corredores asociados, y corredores actuales, aquí está.

Lo primero es lo primero, obtiene tus licencias, establece tu LLC, y piensa en marca. No voy a entrar en los detalles de "cómo configurar un sitio web, corporación S frente a LLC, etc." No quiero aburrirte. Además, he incluido recursos de bienes raíces (ver Apéndice A) para que te ayude a encontrar proveedores para hacer todas las cosas que necesitas para ganar dinero.

Habla con un contador público y con un abogado. Ingresa a www.avvo.com para obtener consultas legales gratuitas contestadas. Desde que estaba en Florida, visité la página web de mi estado para presentar un "Acta Constitutiva" para mí mismo por menos de $150.00. Cualquier persona en Florida puede visitar www.sunbiz.org para abrir su propia corporación o LLC.

Bien, volvamos a la visión general. La marca es la clave. En primer lugar, visita www.godaddy.com e investiga si el nombre de dominio de la empresa que estás pensando está disponible. Quieres imaginarte gestionado una operación de equipo de 1.000 miembros y a todos tus agentes utilizando tu logo, marca, y la URL del sitio web en las casas de la ciudad.

Además, al principio es importante pensar en una estrategia de salida antes que en una estrategia de entrada. En mi empresa incluí "Florida" en el nombre porque sabía que mi estrategia de salida era permanecer regional con el fin de ser comprada. Además, quería que todos los agentes de bienes raíces de Florida supieran rápidamente quiénes éramos y lo que hacíamos; por lo tanto, también incluí "cien por ciento de comisión" en el nombre real de mi empresa. ¿Por qué? Un mejor posicionamiento en los motores de búsqueda, y lo más importante, en el servicio de listados múltiples, o el "MLS", donde cada otro agente podía ver de qué nos tratábamos. Mi teoría era que iban a ver nuestro nombre, les entraría la curiosidad, y luego nos llamarían. Funcionó. Esto hizo que mi trabajo fuera mucho más fácil.

Algunos de mis clientes, que estaban abriendo sus propios negocios, me han preguntado "¿Debo incluir mi apellido en el nombre de la correduría?" Yo digo que depende. ¿Cuál es el período de tenencia que anticipas que te quedarás con la empresa? Algunas de las mayores compañías, como Keller Williams Realty, existen desde hace décadas. Si estás buscando construir un flujo constante de ingresos para venderlo rápidamente, te aconsejaría que no lo incluyas.

Por el contrario, si tu objetivo es la creación de una empresa como estilo de vida y mantenerla para pagar las cuentas y las actividades extracurriculares de diversión familiar cada año, y no tienes intenciones de vender, entonces hazlo. Piensa en esto, de esta manera: si mañana ya no estás, ¿podría llegar alguien más y mantenerla a flote? ¿Tu potencial comprador se sentiría cómodo al comprarte y al operar bajo tu nombre o apellido? Yo no. Sin embargo, si el nombre es algo neutral, como XYZ Bienes Raíces, él o ella podría avanzar y ninguna de las partes interesadas notaría la diferencia.

Lo siguiente es la oficina. Hoy en día es una necesidad. Hace diez años tenía una página web muy cara y una oficina virtual, la cual fortalecí con hasta cincuenta agentes sin ninguna reserva. Sin embargo, hoy en día casi todos los corredores que han aumentado su operación tienen una oficina física. La buena noticia es que desde que estamos vendiendo al precio (es decir, comisión del cien por ciento) se justifica tener una oficina en un edificio de servicio completo que sea de "Clase B" o de "Clase C". Esto significa que es el punto de precio de arrendamiento más bajo de un espacio de oficina, y el propietario se encarga de todos los gastos por ti (aire acondicionado, agua, limpieza, mantenimiento, etc.), por lo que todo lo que haces es escribir un cheque mensual.

Además del precio, el siguiente factor más importante para elegir un lugar es el aparcamiento. Tiene que ser ilimitado y gratuito. Recuerda que tendrás cientos de agentes entrando y saliendo, así que si te encuentras en un edificio donde el aparcamiento es una pesadilla en términos de costos o conveniencia, los agentes de bienes raíces se desmotivarán. Si te encuentras en una zona muy densa, una solución para esto es encontrar un edificio al lado de un gran supermercado o en un parque donde los agentes puedan aparcar y caminar hasta tus oficinas. Por último, tienes que pensar acerca de dónde ubicarás tu oficina. Esto significa pensar acerca de realmente quiénes son tus agentes meta. Esto depende del precio de venta meta. Algunas ciudades tienen una amplia variedad de precios de venta promedio, de $75,000 a más de $7,500,000. Algunas no.

Recuerda que este negocio se trata de volumen y producción. A más transacciones que puedas producir o "desarrollar", más dinero harás. Por ejemplo, en Miami, la mayoría de las altas transacciones ocurrieron bajo el punto de precio de $250,000. Hay muchos más compradores para una propiedad financiable y de menor precio, la cual fácilmente podría calificar como una Administración de Vivienda Federal (FHA) – hipoteca asegurada o financiación convencional, y puede ser más fácil cortejar a estos clientes en lugar de depender de la venta de una casa de un millón de dólares, que depende de la obtención del comprador de un "préstamo jumbo". Sin embargo, cada mercado es diferente. Quieres asegurarte de que ocurran una gran cantidad de transacciones dentro de un nivel de precio específico y, luego, averiguar dónde se encuentra esa zona en la ciudad, y alquilar tu oficina dentro de ella. Este era el prototipo que teníamos en casi todos los lugares:

PROTOTIPO Cien Por Ciento: MENOR A 1500 PIES CUADRADOS

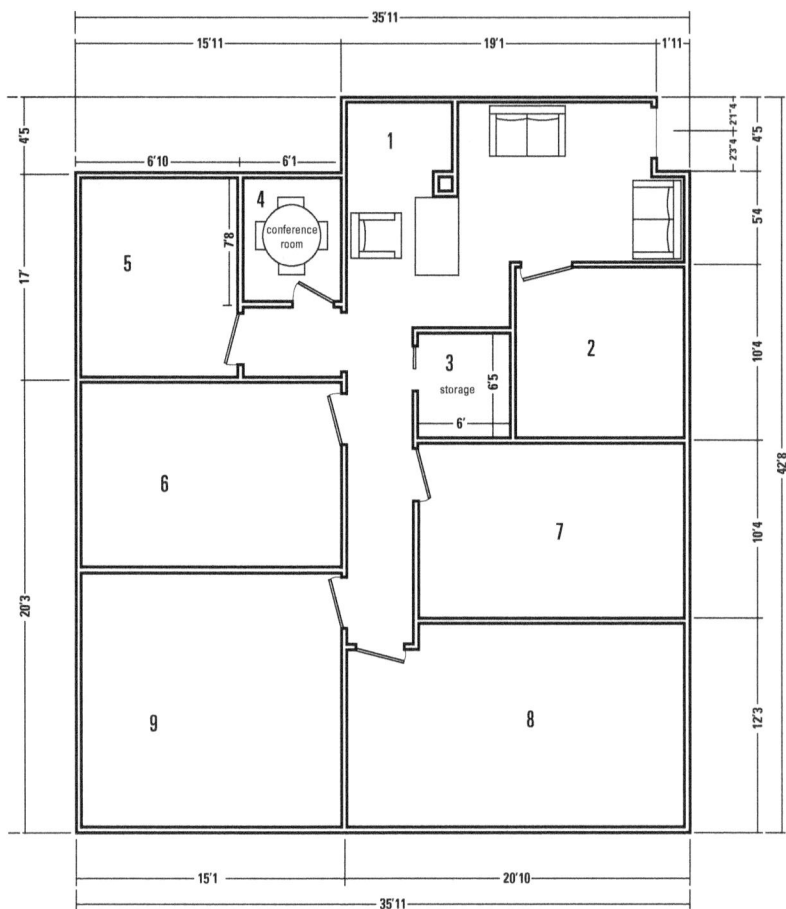

Al elegir su espacio de oficina, es importante ser conservador los primeros 36 meses en términos de muebles y ubicación. En mi primer libro, *Reo Boom: Cómo Administrar, Enlistar, y Hacer Dinero Con Propiedades Repose*ídas, hablo mucho de bootstrapping (muestreo autodocimante) y el uso de su dinero en efectivo actual para crecer lentamente. Soy un gran defensor en contra de la deuda. Es sólo que no me gusta. Suponiendo que eres como yo y tu presupuesto (capital de trabajo) es pequeño, esto es lo que debes buscar: oficinas de un tamaño no mayor a 1,500 pies cuadrados por $20 por pie cuadrado. Tu cheque mensual al arrendador no debe ser superior a 1,500 pies cuadrados x $20 = $30,000/12 meses = $ 2,500 al mes.

Para compensar el alquiler mensual y el tamaño, que es atractivo y suficiente para competir con franquicias de grandes empresas de bienes raíces, quieres tener la disposición diseñada para que pueda ser dividida en tantas oficinas como sea posible. Lo que no se utilice, lo subalquilas por $ 300-500 al mes. Esta era la configuración típica de la oficina, que incluía las cinco particiones necesarias:

1. Recepcionista
2. Sala de reclutamiento
3. Oficinas de Venta
4. Pequeña mesa de conferencia
5. Oficina del corredor o del gerente de la oficina

En nuestra oficina, teníamos un poco más que las cinco particiones. Recuerda: lo que no se utiliza lo puedes subarrendar. Haciendo referencia al croquis de diseño de plano de la página 26, tan pronto como entras, tienes a tu recepcionista que te saluda (1), seguido de una oficina de subarriendo en el área de recepcionista (2). Aquí los clientes pueden esperar y/o conversar con el proveedor que subarrienda. Al principio, ya que no serás lo suficientemente grande como para tener tus servicios auxiliares "en-casa", desearás subarrendarles a estos tipos específicos de proveedores (seguros, inspectores de viviendas, título, etc.). Al instante que aumentes tus operaciones, puedes tomar ese espacio. Esto te ayuda a pagar ese alquiler. A continuación, los agentes atraviesan el área de recepción, pasan la sala de almacenamiento (3), y luego no hay nada más que oficinas por el largo pasillo. La oficina (4) es la pequeña sala de conferencias para que tu agente utilice con sus clientes, y la oficina (5) es la oficina de ventas donde tus agentes trabajan. Quieres tener de tres a cinco cubículos en la oficina de ventas en caso de que tus agentes quieran pasar y cerrar algunos contratos o rellenar unos acuerdos de listados. Las oficinas (6) o (7) pueden ser el espacio donde se encuentre tu equipo de reclutamiento. Esto es importante. Recuerda que, al principio, tu recepcionista será la reclutadora, pero con el tiempo querrás uno o dos reclutadores de tiempo completo "llamando al dinero", como dicen en la industria. Si la oficina (6) será la reclutadora, entonces renta la oficina (7) o viceversa.

Luego está la oficina (8), la sala de entrenamiento; yo tenía una larga pizarra blanca y dieciséis sillas apiladas en esa habitación. Esta es su habitación de chisporroteo. Donde tu futuro entrenador (no tú) les enseña a tus agentes cómo hacer dinero. Por último, la oficina (9) es donde tú te sientas, junto con tu gerente de oficina. Inicialmente, lo que no utilizas lo estás subarrendando muy barato, con el objetivo de minimizar tus costos lo más rápido posible. Desde la perspectiva subarrendadora, es mejor tener un apartado postal simple o trabajar fuera de casa. Además, pueden trabajar en conjunto con estos proveedores independientes en operaciones específicas. Es un gran ambiente de trabajo.

Otro consejo importante es nunca tener tu propia oficina; más bien, proporciónale a tu reclutador la suya propia. Quieres que estén cómodos preparando discursos de venta y cerrando prospectos sin otra persona sentada en un escritorio frente a ellos, escuchándolos. También compartí mi oficina con mi gerente de oficina. Quería que nuestros futuros agentes supieran que, como corredor director, era accesible por tener siempre una política de puertas abiertas.

Una vez más, quiero que mantengas bajo tu costo operativo. Crece en tu espacio. No te emociones y comiences a gastar dinero que no tienes. Recuerda: sólo gasta el dinero de los ingresos ya realizados. Nunca gastes más del 40% de los ingresos para el crecimiento. Si ganas $10,000 en un mes, no gastes más de $4,000 para crecer. Necesitas tener reservas para sorpresas. Además, cada dólar que gastas debe hacer dos dólares o más. Si haces $10,000 en un mes y tienes $4,000 para gastar, no gastes $4,000 en una lujosa mesa de conferencias. Más bien, gástalos en algo como sólido marketing dirigido para atraer a más agentes, tales como los anuncios de pago por clic o el marketing dirigido de Facebook.

Al comienzo, tú y tu recepcionista se encargarán de las diferentes tareas. Tener una recepcionista no es necesario en este punto. Sin embargo, si te lo puedes permitir, lo recomiendo altamente. Puedes lanzar una nueva compañía fácilmente si la misma persona que responde a todas las llamadas es la misma persona que envía todos los mensajes de correo electrónico, o si llamas por teléfono y la persona que contesta te pone en espera cada dos minutos para contestar otra llamada. Eso está bien por ahora. Aquí están:

Modo de iniciar una correduría del cien por ciento:

- Recepcionista: Abre la oficina, contesta las llamadas telefónicas, filtra oportunidades, establece citas de reclutamiento con agentes.
- Corredor: recluta y contrata agentes, revisa los contratos, entrena, proporciona capacitación, distribuye oportunidades, proporciona tecnología para hacer tu vida más fácil, vende bienes raíces (al principio), cierra la oficina.

Cuando apenas comenzaba y observé una tracción entre ventas y reclutamiento, tuve el valor para ampliar las operaciones mediante la firma de mi primer contrato de alquiler de oficinas. También conseguí mi primera recepcionista, que trabajaba a tiempo parcial. La contraté por 25 horas a la semana por $15 la hora. Sólo después de ver los resultados y la validez de crecimiento de los agentes de ventas aumenté sus horas. Por cada dólar que pones, existe el riesgo de que no lo recuperes. Sé astuto. Sé sabio. En lo que respecta al papeleo, tu asociación local de Realtors® tendrá cada contrato y formulario estandarizado que necesites. No hay necesidad de empezar a gastar cientos de dólares en cuotas mensuales en empresas de software.

Dicho esto, debes pertenecer a la asociación Realtor®. Por la tarifa, paga dividendos. Ellos tienen el monopolio del MLS, y tú y tus agentes necesitarán eso para enlistar y mostrar viviendas. No hay manera de evitarlo. A continuación, llega el dominio del marketing. Antes de encender las luces de tu oficina recién alquilada, quiero que tengas el firme compromiso de dos a tres subalquileres potenciales, así como la totalidad de tu imagen de marca colocada en medios sociales.

Para los compromisos de subalquiler, publica algunos anuncios en craigslist.com para solicitar prospectos. En cuanto a la marca, configura cuentas en medios sociales. No te preocupes; no necesitas saber cómo hacer esto. Basta con colocar un anuncio en www.elance.com y tendrás mano de obra muy barata de todo el mundo pujando por el trabajo. Estos cuatro diferentes sitios son necesarios para desarrollar una poderosa presencia en línea:

1. Instagram
2. Facebook
3. Twitter
4. El propio sitio comercial de tu agencia

Establece una fecha oficial de lanzamiento y trabaja hacia atrás. Tienes una oportunidad para causar una buena impresión, así que asegúrate de que en el momento en que un agente potencial te vea en línea, se impresione con tu sitio web y tu presencia en los medios sociales. Además, no utilices plantillas repetitivas en absoluto. Asegúrate de que todo tu trabajo sea personalizado y profesional.

Entonces tienes un nombre de gran alcance, tienes tu contrato de arrendamiento, tienes dos o tres subarrendatarios entusiasmados por unirse, has diseñado tu prototipo de oficina, y has tercerizado todos los medios sociales para lucir como una empresa que ha estado presente durante siglos. Ahora, ¿cómo conseguir el primer agente en la puerta? De esto trata el siguiente capítulo, y es lo que me gusta llamar "el ingrediente secreto". Toma un poco de agua y un bloc de notas; pongámonos a trabajar.

Capítulo 4
PUNTOS PARA RECORDAR

» Una correduría de cien por ciento de comisión, al crecer, es un negocio que hace el dinero mientras duerme. Es un ingreso verdaderamente pasivo.

» El trabajo de un corredor del cien por ciento de comisión es conseguir que entren agentes como en una tienda de comestibles con el cupón de "artículo perdido". Una vez que están comprometidos, el dinero real se hace a partir de los cuatro servicios auxiliares.

» El espacio perfecto es de hasta 1,500 pies cuadrados con un máximo de $20 por pie cuadrado, "arrendamiento de servicio completo," con un montón de oportunidades para subarrendar oficinas.

» Nunca gastes más del 40% de las ventas en el negocio. Además, asegúrate de que cada gasto es un gasto que produzca ingresos, tales como anuncios dirigidos en Facebook, en lugar de comprar una lujosa mesa de conferencias.

» Haz una gran primera impresión abordando todos los medios de comunicación antes de poner en marcha tu oficina, y obtén firmes compromisos de subarrendamiento potenciales de proveedores auxiliares.

5

El Ingrediente Secreto: Crear Valor Agregado

Mira a tu izquierda; mira a tu derecha. En todos los centros comerciales encontrarás los sospechosos habituales: una tienda de comestibles, un dentista, una peluquería, una barbería, y, muy probablemente, una oficina de corretaje de bienes raíces. Entonces, ¿qué te hace tan especial? ¿Cuál es tu "valor agregado"? ¿Sólo el vender al precio (es decir, el cien por ciento de comisión)? Realmente no. En el mercado actual no es suficiente simplemente vender al precio. Claro, puedes tener un equipo de un tamaño decente con menos de 50 agentes, pero si quieres hacer dinero real, querrás crecer a más de 300 agentes. Se necesita un ingrediente secreto, un arma secreta para atraer a cientos, sino a miles, de agentes hacia tu puerta. Entonces, ¿qué quieren los agentes?

Pues bien, en el capítulo tres discutimos las seis promesas incumplidas que cada correduría intenta poner en práctica:

1. Marca y Tecnología
2. Soporte
3. Espacio de Oficinas
4. Entrenamiento

5. Clientes Potenciales (Oportunidades)
6. Comisiones más elevadas

Con la estructura del cien por ciento comisión, tu ventaja de valor (es decir, el "valor agregado") es no sólo cumplir con estos seis puntos, sino ofrecer algo que sea extraordinario y que ningún competidor pueda duplicar. Por ejemplo, en mi empresa nos especializábamos en propiedades "reposeídas" (REOs) y en las ejecuciones hipotecarias. Representábamos y les vendíamos a algunos de los bancos más grandes de la industria, tales como Fannie Mae, Freddie Mac, HUD, Bank of America, etc. Nuestro ingrediente secreto era tener un inventario exclusivo de REO que no se podía encontrar en el MLS. Así es: propiedades fuera de mercado o, como se dice en la industria, "listados de bolsillo."

Como un agente, imagina tener acceso directo al último inventario REO antes de que llegue al mercado (MLS). Ahora imagina contándole a todos tus clientes que tienes acceso a eso. Imagina decirles a tus clientes que tu firma de corretaje representa a algunos de los mayores vendedores de REO de la industria. ¿Cuántos clientes conseguirás que estén buscando ofertas? Una tonelada. Muchos de mis agentes duplicaron o triplicaron sus bases de clientes al trabajar con nuestro inventario.

No sólo ganan el cien por ciento de comisión y pagan una pequeña tasa fija por expediente, sino que también tenían acceso exclusivo al inventario de fuera de mercado. Conocían el estado de las reparaciones de la vivienda, ya sea que estuviera vacante u ocupada, el tiempo estimado de su llegada al mercado, una estimación aproximada de lo que costaría, etc., antes de su competencia (otros agentes de bienes raíces) simplemente porque pertenecían a nuestra empresa. En otras palabras, tenían acceso a los "números susurrados," como dicen en Wall Street, o a información privilegiada que nadie más tenía. Esto significaba que podían presentarles antes el inventario a sus clientes, hacer que sus clientes realicen inspecciones o "diligencia debida" más rápido, y llevar a sus clientes directamente a la propiedad incluso antes de que su competencia supiera que estaba en el mercado.

Por lo tanto, ¿qué valor se puede añadir que sea diferente y no duplicable? Estas son nueve ideas ganadoras que muchos de mis clientes entrenados (corredores) implementaron cuando abrieron su correduría de cien por ciento de comisión:

1. Propiedades exclusivas de venta al por mayor o para rehabilitar. (Son las propiedades "en dificultades" o "casas que necesitan reparaciones" y de un precio inferior al del mercado.)
2. Listados exclusivos de desarrolladores
3. Una oficina muy lujosa
4. Servicios de conserjería para transportar agentes y a sus clientes
5. Pagar por publicidad
6. Hermosos miembros de personal
7. Programas de rebaja para compradores de viviendas
8. Sorteos de comisión
9. Estacionamiento y espacio de oficina asignados

Las dos primeras se centran en el lado de la oferta de la ecuación: los listados. ¿Puedes ofrecer a tu equipo listados exclusivos que no se encuentran en el MLS? Una gran manera de hacerlo es mediante la especialización en un nicho. Uno de mis clientes entrenado comenzó su negocio con casas al por mayor. En mi libro *El Arte de Vender Propiedades al Por Mayor: Cómo Comprar y Vender Bienes Raíces sin Efectivo o Crédito*, discutimos las maneras lucrativas de asignar contratos para a los inversores de efectivo que buscan rendimiento de sus inversiones con muy poco riesgo, también conocidas como "casas de venta al por mayor." Si eres un corredor, puedes argumentarles algo a tus agentes para ayudarlos a que ganen más dinero, algo más que sólo las seis promesas no cumplidas.

Además, muchas personas que asisten a seminarios de bienes raíces pagan miles de dólares para aprender cómo hacer dinero. Si pudieras ofrecerle esto a tus agentes de forma gratuita como parte de un taller o seminario (capacitación personalizada interna), proporcionarás una ventaja de valor que muy pocos competidores pueden replicar. Recuerda que tú no tienes que dar el entrenamiento; puedes contratar a un entrenador exclusivo que posea las habilidades especializadas y que esté dispuesto a trabajar con tu correduría de forma exclusiva.

Otro enfoque consiste en hacer una "entrada" con un desarrollador que no quiera abordar el aspecto de las ventas de la empresa. Su trabajo es simplemente desarrollar y gestionar la construcción, por lo que te contratarán exclusivamente para representarlos como su fuerza de ventas interno en el proyecto del desarrollo. Esta táctica funciona increíblemente bien cuando se trata de reclutar agentes. Tendrás que conocer desarrolladores o solicitar desarrolladores antes de lanzar tu firma. Una gran manera de hacer esto es hacerles conocer tus planes y cómo tendrás una fuerza de ventas enorme, con más de 1,000 agentes, y cómo vas a lograr esto dentro de los 36 meses (mantente atento para el próximo capítulo) con tu único modelo de cien por ciento de comisión de corretaje.

Ahora bien, si no tienes ninguna ventaja del lado del listado y tienes un poco de dinero para gastar, entonces sin duda puedes "flexibilizarte" y tener una lujosa oficina. Me ha consultado un corredor que, desde el primer día, comenzó con la idea de tener una oficina de 3,300 pies cuadrados con vista al río y estacionamiento ilimitado. Su lema era que, si sus corredurías competidoras sin el cien por ciento de comisión le estaban dando a sus agentes la mitad del tamaño y les cobraban un 30 o 40% de cada trato, entonces su presupuesto podía darle una ventaja competitiva.

Él no sólo tenía una oficina lujosa, sino que combinaba esto con una valla publicitaria en su ciudad. Al cabo de seis meses, aumentó su base de agentes a 300 agentes. El dinero habla. Una advertencia acerca de este método es que puede no ser sostenible en el largo plazo, ya que puedes replicarlo. Si tus ventajas de valor es sólo tener un mayor presupuesto o bankroll, tu competencia puede llevarte a la quiebra si tiene más fondos que tú. Ellos pueden hacer más publicidad, contratar más reclutadores, reducir su precio o tasa fija, y comenzar una guerra de precios contigo. Utiliza esta estrategia sólo como una solución a corto plazo si fuera necesario.

¿Y si ofreces a todos tus agentes servicios de limusina gratuitos para que muestren sus casas? Bueno, tal vez no limusinas, pero ¿qué tal un Cadillac Escalade con chofer en ciertos momentos durante el día? Esto funciona muy bien en ciudades densas donde el aparcamiento es un problema. Una vez más, si tienes el presupuesto, piensa en grande, como en un Bentley o en un Rolls Royce. Recuerda: no siempre tienes que comprar los coches; puedes alquilarlos si los números te cierran. Esto entra en el presupuesto pesado y es una forma única para truncar el alcance de tus competidores.

A continuación, llega el pago de los anuncios en los periódicos locales para encontrar a tus agentes. Por ejemplo, compra un espacio en hoja interior de una revista que se lea comúnmente y pon de 10 a 15 listados para cualquier agente que tenga más de 10 listados. Todos los meses puedes hacer publicar sus listados sin costo alguno para ellos, mientras los incentivas a trabajar duro para que consigan publicidad. Esto también se puede hacer con la publicidad en línea a través de la publicidad directa de pago por clic en Facebook o en motores de búsqueda.

Otro clásico es la belleza. Uno de mis clientes lo ha hecho extremadamente bien al contratar a hombres y mujeres atractivos para que formen parte de la mayoría de su personal (no agentes). Su objetivo era la gente joven y quería atraerla con ese personal. Casi todo el mundo era joven, hermoso, y carismático, y cada vez que entraba en esa oficina era como entrar en un club nocturno. Además, cada tres meses, realizaban literalmente grandes fiestas con un montón de comida y licor (barra libre) para sus asociados. Luego se tomaban cientos de fotos y las publicaban en todos los medios sociales. Al momento en que la primera fiesta terminaba, llegaba la siguiente. Repetidamente. Todo el mundo quería ser parte de esa correduría. En este caso, el cien por ciento de comisión y las fiestas trimestrales más la gente hermosa equivalía a una situación ganadora. Como dice el viejo adagio, "El sexo vende." Piénsalo. Si todo el mundo estuviera ofreciendo el mismo menú, ¿trabajarías para una empresa con hermoso personal o para una que no tiene un tan hermoso personal? La belleza está en el ojo del espectador, ¿verdad? Si vas por esa ruta, intenta contratar personal de una agencia de modelos. Tienen una gran cantidad de jóvenes, mano de obra barata que buscan conseguir su gran oportunidad en la actuación o el modelaje y que están dispuestos a trabajar a tiempo parcial en una oficina (o trata de reclutar a un camarero). Por supuesto, deben estar calificados para llevar a cabo sus tareas asignadas, por lo que no te limites a contratar a alguien porque se vea atractivo. Asimismo, recuerda: no discrimines, y consulta a un abogado en caso de duda.

A continuación, céntrate en el lado de la demanda de la ecuación a través de un reembolso en efectivo para los compradores de vivienda. Si tu política de empresa es exigir a tus agentes ofrecer a todos los que compren una vivienda un reembolso del 20-30% que saldrá de la comisión que ganen, entonces la retención de tu agente de ese cliente se disparará y ellos, a su vez, harán más negocios, y referirán a más negocios. No siempre tiene que ser en efectivo: una TV LED de 50" gratuita, muebles, servicios de diseño de interiores, todo lo que sea sustancial en valor funciona de maravilla con el modelo de comisión del cien por ciento. ¿Por qué? Porque hay espacio para dividir el pastel.

Compara esto con una franquicia de una gran empresa de bienes raíces. Si después de que tu corredor corta tu salario duramente ganado hasta un 50% neto, ¿cómo puedes entonces darle un 30% a tu comprador de vivienda? No te conviene. Por lo tanto, otro comprador perdió a su trabajador del cien por ciento. Sin embargo, si estás bajo un plan de cien por ciento de comisión, luego de tu tarifa fija por transacción, puedes ofrecerle a tu comprador un reembolso en efectivo por la compra. Esta es una gran ventaja, ya que estás ayudando a los compradores de vivienda con los costos de cierre o a hacer sus sueños de compradores de vivienda realidad. A veces sólo necesitan un poco de dinero extra para poseer una casa. Sólo asegúrate de revisar tus leyes estatales locales o de consultar a un abogado antes de hacer esto para asegurarte de que sea legal (en algunos estados puede que no lo sea). Dos grandes correturías que son conocidas por esto son Redfin y Zip Realty. Es una pena que no ofrezcan el cien por ciento de comisión a sus agentes.

Otra estrategia consiste en ofrecer a tus agentes un avance de la comisión. En el momento en que cierran un contrato por su casa ya pasaron el período de diligencia debida (es decir, el dinero de su comprador no es reembolsable o es "duro"), puedes adelantarle una parte de su comisión. Incluso puedes cobrarle una cuota del 10-15% por este servicio. Toneladas de agentes de bienes raíces necesitan dinero hoy y, siempre y cuando seas más barato que una tienda de cambio de cheques, puedes hacer magia y crear una situación en la que todos ganen.

Por último, hemos asignado estacionamiento, o un espacio de oficinas. ¿Alguna vez has entrado en un banco y observado cómo todo el mundo es "Vicepresidente" de algo? Es curioso cómo todos ellos poseen títulos de vicepresidente, pero sus salarios no son equivalentes. Esta es la antigua técnica de gestión de "acariciar" egos. El dinero no es siempre la motivación número uno. A veces es una palmada en la espalda, un trofeo de $20, un regalo en la fiesta de fin de año, un título de fantasía, un lugar de estacionamiento o un espacio de oficina asignada. En suma, es más que las promesas no cumplidas (es decir, precio y valor) lo que atrae agentes. Es un valor agregado, una pieza faltante del rompecabezas, un ingrediente secreto que nadie puede replicar. Así es como los profesionales hacen crecer sus correturías.

Capítulo 5
PUNTOS PARA RECORDAR

» Para crecer a más de 300 agentes, ofrecer promesas incumplidas no es suficiente. Se necesita el valor agregado, el "ingrediente secreto" para crecer de forma exponencial.

» El servicio de valor agregado es algo que puedes ofrecer y sea distinto y que no se pueda duplicar.

» Los ejemplos de servicios de valor agregado se centran en el lado de la oferta y consiguen listados exclusivos fuera de mercado, se centran en su presupuesto y ofrecen servicios de conserjería u oficinas de lujo, o se centran en el lado de la demanda y ofrecen reembolsos por vivienda.

6

Cómo Reclutar 1,000
Agentes en 36 Meses

Una palabra: Chipotle. Si no has ido a uno, ve. Mueven clientes más rápido que la velocidad de la luz a través de ese lugar de comida rápida; lo mismo que necesitas hacer con tu correduría del cien por ciento. El secreto para reclutar cientos, sino miles, es crear una línea de montaje de servicios y soporte. El modelo de comisión del cien por ciento se trata de inscribir a cientos de agentes por cualquier medio necesario. Antes de que las franquicias de grandes empresas de bienes raíces se estremezcan por esta última afirmación, debes saber que hay una manera muy precisa de gestionar el riesgo mientras reclutas a las masas.

Pero, en primer lugar, he aquí cómo empezar. Las buenas noticias sobre la industria de corretaje de bienes raíces es que existe una gran cantidad de datos gratuitos a partir de los cuales puedes extraer información. Por ejemplo, en Florida puedes solicitar al Departamento de Regulación Comercial y Profesional (www.myfloridalicense.com) una lista de todos los agentes de bienes raíces y corredores dentro de tu código postal, ciudad, condado, o incluso estado. Ellos te proporcionan nombres, números, direcciones postales, direcciones de correo electrónico y mucho más. Por otra parte, utilizando el MLS, también puedes buscar oficinas de corretaje y ver quiénes son los corredores y los agentes. Las cinco mejores maneras de reclutar mediante el modelo de cien por ciento de comisión son:

1. Llamadas al estilo "dialing for dollars" (marcando por dólares)
2. Anuncios dirigidos en línea y envío de emails masivos
3. Correo directo a nuevos agentes con licencia
4. Publicaciones masivas en medios sociales
5. Referencias de agentes existentes.

Lo primero, y lo más importante, son las llamadas salientes. Son tu pan de cada día. Tu trabajo como un corredor del cien por ciento es llamar a cada uno de los agentes de bienes raíces de la ciudad y hacerles saber que existes. Créeme: los agentes están cansados de regalarles su salario duramente ganado a sus corredores. De hecho, muchos piensan que es demasiado bueno para ser verdad, pero eso es lo que los intriga y los atrae a tu puerta cuando les solicites una cita.

El trabajo a tiempo parcial de tu recepcionista (al principio) o tu trabajo a tiempo completo como reclutador es realizar llamadas telefónicas y agendarte citas. El único objetivo es conseguir que los agentes llamen a tu puerta. El arte de cerrar citas por teléfono tiene que ver con lo que no se le debe decir a los agentes. No puedes decirles demasiado; más bien, diles lo suficiente para despertar su curiosidad. ¿Recuerdas la fórmula de valor agregado del capítulo anterior? Este es ejemplo de guion que muestra cómo puedes incorporar eso:

Hola, John, habla TU NOMBRE de TU empresa de bienes raíces. Somos una firma de corretaje con listados directos de ejecuciones hipotecarias (SUSTITUIR CON TU VALOR AGREGADO) y ofrecemos a todos nuestros agentes el cien por ciento de comisión. Estamos en busca de uno o dos agentes para que trabajen con nuestro exclusivo inventario. ¿Qué día de esta semana te queda mejor para que pases por nuestra oficina para conversar, martes o jueves?

¿Recuerdas las promesas no cumplidas? Cada agente desea estos seis elementos enumerados a continuación, así que cambia el guion con tu proposición de valor (lujosas fiestas, servicios de autos, oficinas de lujo, etc.), y asegúrate de incorporar algunos de estos temas calientes. Por ejemplo, si ofreces un servicio de conserjería para todos los agentes, cambia "listados directos de ejecuciones hipotecarias" por "servicio de conserjería gratuito de Cadillac Escalade." El objetivo es conseguir que se entusiasmen por teléfono, para que quieran más. Una vez más, estas seis "promesas incumplidas" son:

1. Marca y Tecnología
2. Soporte
3. Espacio de Oficinas
4. Entrenamientos
5. Clientes Potenciales (Oportunidades)
6. Comisiones más elevadas

Algunos agentes conversarán por teléfono; algunos colgarán, pero, de cualquier manera, todo está bien. Tu objetivo es simplemente hacer citas. Si se oponen o están ocupados mostrando viviendas, di, "Bueno, voy a concertar una cita tentativa y te enviaré un correo electrónico con la información." Al usar la frase no comprometida "cita tentativa", obtendrás un 30% de tasa de respuesta. Para aquellos que no aparezcan, continuarás enviándoles correos electrónicos automáticos o 'por goteo', mediante los cuales les darás seguimiento semanalmente hasta que finalmente aparezcan o digan "no". Cuando se trata de reclutar, quieres permanecer en la mente del agente. Si dicen "no", eso significa que es un no hoy, pero no indefinidamente.

Muchos libros de venta del mercado dicen que se necesita que un comprador diga "no" siete veces antes de que diga "sí". Esto también se aplica al reclutamiento, excepto que, por lo general, son dos o tres veces. Recuerda: le estás ofreciendo una manera al agente para que haga más dinero sin ningún costo. No les estás pidiendo dinero. ¿Por qué alguien querría rechazar eso? Tú estás cambiando sus vidas y las vidas de sus familias con un salario mayor. Esta es la forma en la que debes pensar y avanzar en el teléfono.

Enfrenté muchas situaciones en las que un agente, por ejemplo, tenía problemas con su corredor actual, o estaba a punto de redactar un enorme contrato de una oferta de un millón de dólares, recordó mi susurro a su oído del cien por ciento, y me llamó dos meses después de haber dicho rotundamente "no" tres veces. Todo lo que se necesita es que el corredor o el gerente "irrite a alguien" para que ellos den el paso. Una vez más, es todo un juego de números. Este es un ejemplo de un antiguo marcador semanal de 2013-2014 que poníamos en la oficina todos los días para nuestros reclutadores:

Fin de Semana* 10/24/2013 Recuento Actual de Agentes: 346	METAS DIARIAS		INCORPORACIONES SEMANALES		
	Llamadas: 200	Citas: 7	Fuente de Oportunidades: Llamadas	Fuente de Oportunidades: Online	Fuente de Oportunidades: Referencias de Agentes
LUN	180	7	2	0	1
MAR	210	10	1	0	1
MIE	170	8	1	1	0
JUE	205	5	3	0	0
VIE	185	9	1	0	0
Fecha Final de la Meta	12/31/13	3/31/14	6/30/14	9/30/14	12/31/14
Recuento de Agentes	440	480	520	560	600

*En la semana que terminaba el 24/10/2013 hemos contratado a ocho agentes a partir de llamadas telefónicas, uno mediante búsquedas en línea, y dos por referencias de agentes actuales, ¡para un **gran total de 11 nuevos agentes!**

Cada día nuestra fórmula en la oficina era establecer un número fijo de llamadas diarias, de citas diarias, y de incorporaciones semanales. La matemática funcionó de esta manera basada en nuestro mercado, pero era bastante estandarizada en todos los diferentes trabajadores del cien por ciento de varias densas ciudades:

200 llamadas por día = 7–10 citas por día = 8–10 incorporaciones por semana.

Esto provenía simplemente a partir de llamadas telefónicas salientes.

Según lo indicado en el cuadro anterior, las oportunidades online (agentes que nos encontraban a través de los motores de búsqueda) o las referencias de agentes actuales (agentes actuales corriendo la voz) pueden producirte aproximadamente un 20-30% o dos a tres agentes adicionales a la semana.

Esta fórmula por reclutador, cuando la implementes en tu oficina, dará lugar a una correduría que reclute de 30-40 nuevos agentes por mes o, de una manera conservadora, 360 agentes al año. Repite este proceso durante tres años y obtendrás:

360 agentes por año x 36 meses (3 años) = ¡1,080 agentes!

Recuerda: esto no incluye a los agentes "bonus" que proceden de tus oportunidades en línea o de las referencias de tus agentes actuales. Intencional he omitido esos números para ser extra moderado, ya que no puedes realmente controlar estas variables. Por el contrario, lo que sí puedes controlar son las llamadas telefónicas salientes. Ahora, sé que me estoy adelantando un poco antes del siguiente capítulo, pero:

1,080 agentes x $795 por expediente x 30% que actualmente se produce = ¡$257,580 al mes!

Sí, eso es por mes, no por año. Todo este negocio se trata del ingreso pasivo porque es impulsado por volumen. ¿De qué se trata ese "30% que actualmente se produce"? Cubriremos eso en el siguiente capítulo, pero es básicamente el porcentaje de agentes que realmente cierran negocios. Este número ha sido consistente para mí durante los últimos diez años. Es por eso que enfatizo ir tras el volumen. Cuanto más agentes consigas, más dinero harás. Ahora algunos oponentes pueden estar pensando acerca de las cantidades astronómicas de riesgos (es decir, reclamaciones y demandas por errores de agente) que acompañan a estas muchas transacciones. Estos riesgos son reales, pero ¿no crees que hacer $250,000 al mes (alrededor de $3 millones al año) pueden comprar una gran cantidad de horas de abogados, seguros, personal, y software para cubrir ese riesgo? Absolutamente.

Esta fórmula también supone que hay un reclutador realizando llamadas. Indudablemente puedes duplicar reclutadores para que hagan llamadas telefónicas durante todo el día, para que envíen correos electrónicos masivos, o para que se centren en los otros cinco métodos de reclutamiento, pero si el número de agentes es limitado en tu ciudad, un reclutador es suficiente. ¿Qué ocurre con el desgaste? Si algunos de ustedes estaban pensando en esto, bravo. Hay una tasa de deserción del 10%, eso es todo. Una vez más, eso ha sido constante para mí en los últimos diez años.

La gran noticia sobre el modelo de comisión del cien por ciento es que rara vez los agentes abandonan. Si lo hacen, lo hacen porque las ventas de bienes raíces no es para ellos, encontraron con un trabajo de "nueve a cinco", o no podían pagar las tasas del MLS. Estas fueron nuestras tres principales razones de renuncia de agentes. Esto supone, por supuesto, que cumples constantemente las seis promesas incumplidas. Por ejemplo, si el agente intenta contactarse contigo y no les ofreces ningún apoyo, se irán.

Con suerte logré emocionarte. Todavía tengo la piel de gallina al ver todas aquellas ofertas pasando por la oficina; es emocionante. Compara esto con un gran cirujano plástico que pasó quince años de estudios de post-grado. Digamos que él o ella hace rinoplastías (es decir, operaciones de nariz), que se sabe que tienen un valor aproximado de $5,000 por paciente. Para hacer un equivalente de $3 millones al año (el equivalente de lo que un corredor con 500 agentes haría utilizando este modelo), él o ella tendría que realizar 600 operaciones de nariz en un año (en realidad, un 30-40% más para cubrir los gastos generales, porque se trata de un número bruto).

Imagina a todas las enfermeras y el personal que se necesitaría para mantener ese modelo. Por no mencionar el seguro de mala práctica; recuerda que están trabajando con seres humanos vivos. Ahora, eso es arriesgado. Lo más importante, no es un ingreso pasivo, ya que el cirujano siempre está martillando. Oh, ¿he comentado que, de hecho, entrar a la escuela de medicina, obtener un título de médico, y tener el privilegio de entrar en una residencia en cirugía plástica te prepararía para ganar potencialmente menos que un corredor de comisión del cien por ciento sin un título universitario? Los ingresos pasivos es la única fuente de ingresos en la que debes enfocarte. Las empresas compran fuentes de flujo de efectivo, y no gestión.

Bueno, volvamos a los negocios. ¿A quién llamamos? Las dos mayores fuentes de llamadas telefónicas fueron las oficinas de la competencia. Así es cómo lo hicimos. Buscaríamos a través de los datos del MLS y averiguaríamos qué corredurías 'no cien por ciento' estaban dentro de un radio de cinco millas. Recuerda, quieres ubicar tu oficina en un punto pesado de precio de transacción para curvas máximas (que suelen ser por lo general de mediano a menor punto de precio). ¿Por qué? Si tu oficina puede cerrar 50 transacciones al mes y estás haciendo $795 por expediente, eso es 50 x $795 = $ 39,750 en ingresos pasivos. Mientras duermes, tus agentes te están haciendo ganar dinero, pero también están ganándose el suyo. La cantidad de dinero que se ahorran al unirse a tu empresa es en realidad dinero que ganan. Un dólar ahorrado es un dólar ganado, ¿verdad?

A continuación, encontraríamos corredurías que tuvieran alrededor de 100 listados activos en el MLS. Esto me decía que la correduría no era tan pequeña, pero tampoco demasiado grande (en comparación, nuestra empresa tenía cerca de 500 listados activos durante un mes determinado). A veces las corredurías más pequeñas se lo toman personal y tendrás llamadas telefónicas de su agente de registro diciendo: "Deja de reclutarme o comenzaré a reclutarte a ti." Esto me parecía divertido, ya que todo el negocio de corretaje se basa en las ventas y el marketing. Se supone que debes reclutar y vender.

Además, es un mercado libre. Cualquier persona puede entrar y establecer mañana una tienda. Del mismo modo, cualquier agente tiene derecho a cambiarse a otra compañía de corretaje si así lo desea. A menos que, por supuesto, firmen un contrato a largo plazo, algo no habitual en el negocio. La mayoría de los acuerdos de contratista independiente entre corredores y agentes son abiertos: cualquiera de las partes puede rescindir el contrato en cualquier momento por cualquier razón.

Por lo tanto, mi respuesta siempre sería: "Me encantaría que reclutases a nuestros agentes; sin embargo, será muy poco probable, ya que trabajan por el cien por ciento de comisión. Además, nosotros entregamos los mismos clientes potenciales que tú entregas (provienen de las mismas empresas tratadas en el siguiente capítulo), y tenemos una gran oficina, entrenamiento en vivo, soporte, etc. De hecho, ¿te gustaría unir tu correduría con la nuestra? "Recuerda: ¡siempre cierra!

Una vez que hayas identificado cada compañía de corretaje, deseas ver quiénes son sus principales productores. Si una correduría tiene 50 listados y tiene 50 agentes de listados diferentes, eso te da a entender que tiene 50 productores. Sin embargo, siendo realistas, verás que unos pocos agentes seleccionados (por lo general alrededor del 20%) representan la mayoría de sus listados. Entonces, en este caso, 10 agentes constituyen la mayor parte de los listados de la correduría (50 Listados x 20% = 10 agentes) y estos son los "mejores productores" que deseas en su oficina.

A veces es reclutar inteligentemente, no duro, pero, de nuevo, con el modelo de comisión del cien por ciento, realmente se trata de echar una amplia red y ver lo que llega. Muchos oponentes al cien por ciento de comisión dicen que llamar en frío a cada agente con licencia de la ciudad es una "pesca de arrastre" ya que estos agentes no están entrenados. Esto no es verdad. De hecho, estás reclutando agentes que tienen listados (es decir, productores). Ellos ya están capacitados para obtener listados, que es el aspecto más desafiante del negocio. Por lo tanto, llama a todo el mundo de esa oficina y una vez que logres embarcar a un par, influenciarás al resto diciendo, "¿Conoces a Susie? Bueno, ella acaba de cambiarse".

Comenzando con las llamadas diarias, nuestros reclutadores (pagados por hora) tenían que hacer 200 llamadas al día. Posteriormente, estarían obligados a concertar un mínimo de siete a diez citas por día para la próxima semana. Después de toda una semana de trabajo, el calendario debía tener 50 citas tentativas para la semana (10 por día x 5 días laborales = 50) x 4 semanas = 200 citas tentativas por mes. Esto como mínimo; dependiendo del momento, ¡hemos llegado a concertar 20 citas en un día! De nuevo, es puramente un juego de números. A más citas conciertes, tendrás más entrevistas en persona, lo que equivale a más agentes inscribiéndose.

Mientras que la mayoría de las citas provenían de llamadas salientes, otras fuentes principales de citas de agentes provenían de: marketing online y offline (redes sociales, correo directo, pago por clic, Craigslist, etc.), y de referencias de agentes actuales. Aproximadamente el 33% de nuestras citas se creaban utilizando estos métodos. Por lo tanto, si 200 citas provenían de llamadas de salida, teníamos alrededor de 100 citas provenientes de estos otros métodos "bonus" (si no puedes cuantificarlas de la misma manera que con las llamadas salientes, yo los llamaba "bonus").

Ahora, fuera de las 300 citas tentativas colectivas, nuestra tasa de cierre era de alrededor del 10 al 15%. Después de perfeccionar el sistema en nuestro mercado, el rendimiento máximo que conseguimos, después de planchar todos los errores, fue que el 15% de las personas que se presentaban, se inscribían. Algunos meses eran mejores y algunos eran peores, pero 30-45 nuevos agentes por mes daba justo en el blanco; ¡lenta y constantemente gana la carrera de flujo de efectivo!

300 citas x 15% = 45 nuevos agentes
inscribiéndose por mes (máx.)

Antes de que cada reclutador saliera de la oficina, yo quería saber cuántas citas se hicieron, los nombres y los números de los prospectos, y el día y el horario en que vendrían. ¿Por qué? Porque tenía que preparar todo para inscribirlos o "cerrarlos". Una vez que el agente entraba al despacho, había un sistema de dos partes. En primer lugar, nuestro reclutador lo llevaría a su oficina y le haría una presentación de valor agregado de quince minutos destacando por qué nuestras promesas incumplidas de hecho son cumplidas, y por qué tiene sentido para ellos quedarse con más dinero en su bolsillo.

Esto es interesante. Lo que nos dimos cuenta fue que algunas personas odian equivocarse. Harán cualquier cosa para creerse que no cometieron un error. Esto por lo general comienza con "Sí, pero...". Esto me dice que están guardando las apariencias (y realmente no defienden a su actual corredor), especialmente si puedes superar las seis promesas no cumplidas. Esto se conoce como "justificación de esfuerzo" en psicología social. Los hechos y los números no mienten. Tiene sentido cambiarse.

Después de eso, nuestra empresa les hacía un recorrido por la oficina y, finalmente, me entregaban al agente a mí, como el principal corredor para reclutar, y luego atendía a la próxima cita. Nosotros siempre concertábamos citas muy cercanas para ser eficientes, pero sobre todo para crear la impresión de que teníamos demanda (no es que no la tuviéramos, pero es importante demostrarlo, en lugar de decirlo).

Justo después de saludarlos, sabía que estaban preparados, emocionados, y listos para unirse a la empresa. Sólo necesitaban el punto final de validación para asegurarse de que estaban tomando la decisión correcta. Por lo tanto, iba a mi lista de control de cierre en vivo (ver el Apéndice B). Al hacer esto durante tantos años ya lo tenía dominado: sabía qué decir, averiguaba su 'botón de acceso rápido', etc.

Una gran cantidad de agentes querían cosas diferentes. Por ejemplo, algunos querían más control de lo que podían lograr en las grandes compañías de bienes raíces. No podían aportar sus propios listados, tenían que obtener la aprobación de cualquier cambio marginal en el diseño de la publicidad y, lo más importante, tenían que esperar dos o tres semanas para obtener sus pagos.

Como ellos lo señalaban, era como un "trabajo corporativo sin el salario". Teníamos una política que estipulaba que le pagábamos a cada agente el mismo día de la transacción a través de depósito directo a su cuenta bancaria, una ventaja de increíble valor. Algunos agentes no podían cambiarse debido a que sus corredores actuales "habían secuestrado" sus listados.

Muchos corredores pondrían cláusulas malintencionadas en sus acuerdos de contratistas independientes estableciendo que, si el agente se iba por la razón que sea (a pesar de que "no hay ningún compromiso a largo plazo"), tendrían que asignar el expediente a otro agente de la empresa, incluso si estaba listo, estable y listo para cerrarse. Esto significaba que el agente aceptaba una reducción salarial de su ya bajo pago de su comisión. Es sucio, pero legal.

Esto realmente me molestaba. Ellos hacen todo el trabajo para obtener el negocio y el corredor los mantiene como rehenes hasta el cierre de sus acuerdos, o de lo contrario sólo reciben una comisión dividida del 30% frente al 50%. En este escenario, marcamos la fecha en que cerraron su último acuerdo pendiente y continuamos haciéndoles un seguimiento hasta ese evento de inauguración. Una vez que se inscribían, se los entregaba a nuestro personal de soporte/servicio para asistirlos en la presentación de los documentos apropiados para transferirlos oficialmente, el cambio de su suscripción al MLS para reflejar nuestra empresa (cada listado en el MLS es asignado a un agente específico para un momento específico), la descarga de logotipos, la creación de letreros, etc. Era un ataque en triángulo, una línea de montaje; era Chipotle.

RECLUTADOR
200 llamadas por día, 7-10 citas por día, 8-10 incorporaciones a la semana

Closing Deals

CORREDOR
¡Siempre Cierra! 30-45 incorporaciones al mes

Utiliza la Lista de Control de Cierre en Vivo (Apéndice B)

SOPORTE/SERVICIO
Orienta al nuevo agentecon sistemas, contratos, traspaso de MLS, etc.

Aunque hago énfasis en las llamadas como el número uno de los métodos de reclutamiento, también hay otras formas que han funcionado, y recomiendo hacerlas de forma simultánea. La primera es anuncios orientados. Utiliza Facebook y pago por clic de Google. Crea todos los anuncios en www.fiverr.com (por cinco dólares te verás como una estrella de rock). También contrata gente para que haga tu optimización de motores de búsqueda (SEO). Al minuto que alguien escriba "100% de comisión", debes aparecer en la primera o segunda página en Google y Bing; este es el objetivo. Esto lo haces mediante la compra de 30-40 nombres de dominio que sean similares a "100% de comisión", tales como "100% bienes raíces TU CIUDAD" y creando páginas de aterrizaje (sitios web de una sola página) para generar agentes potenciales.

No te preocupes si suena confuso; todo esto se puede tercerizar en el extranjero a precios muy bajos mediante la colocación de anuncios en www.elance.com y en otros sitios de la competencia (ver Apéndice A). Todo depende del presupuesto, pero asigna un 10-15% de tus ingresos para esto. Tu objetivo es ayudar a tu reclutador con tantas oportunidades potenciales como sea posible.

Recuerda, en el marcador teníamos columnas para 1) Llamadas, 2) En Línea, y 3) Referidos. Dado que nuestra industria es extremadamente orientada, como se ha discutido anteriormente, puedes utilizar alguna de las muchas empresas dedicadas al marketing vía correo electrónico, como www.constantcontact.com, para enviar por correo electrónico tus propuestas de valor. También he publicado anuncios gratuitos en Craigslist.com que funcionaron de maravilla. Puedes comprobar mis anuncios de reclutamiento probados, comprobados y demostrados en el Apéndice C.

Hasta este punto, hemos hablado de ir en busca de agentes de alguna manera "expertos", los que se definen como los que poseen listados en el MLS. Otra estrategia es ir tras los "novatos" que acaban de obtener la licencia y que no saben nada sobre el negocio. Este es el "arenero" o la zona de juegos para las franquicias de las grandes empresas de bienes raíces. Al momento en que alguien se registra para tomar el examen de licencia estatal para convertirse en un agente de ventas de bienes raíces, ellas probablemente tienen, en promedio, de unos 10 a 15 volantes, principalmente de los grandes jugadores promocionando tutoría o "entrenamiento". También puedes hacerlo tú, pero esta vez puedes añadir en letras grandes y en negrita:

CIEN POR CIENTO DE COMISIÓN + TUTORÍA EN VIVO + SIN TASAS MENSUALES

Todo lo que una franquicia de una gran empresa de bienes raíces puede hacer, también tú puedes hacerlo, mientras que le das más dinero al agente para mejorar su vida. Esto es lo que yo llamo un verdadero escenario de «ganar-ganar». El plan de tutoría funciona así. Muchos trabajadores del cien por ciento han utilizado este modelo de manera muy eficaz. Una vez que un novato se inscribe, puede elegir ser asesorado por alguien de tu correduría. Esta persona, por lo general, es un asociado de ventas senior que ha estado siempre ahí y lo ha visto casi todo. ¿Qué hay para ellos?

Aseguraremos que con el primer acuerdo que el novato cierre, el mentor reciba un 30% (de la comisión del cien por ciento). Por lo tanto, el novato se asocia con el mentor, lo que da al novato la oportunidad de hacerle todas las preguntas del mundo con un entrenador en vivo, uno-a-uno. Mientras tanto, el tutor, o "líder de equipo", puede entrenar y recibir trabajo gratuito para que lo ayude con su inventario personal (listados, compradores potenciales, etc.).

El período de tiempo típico para que el novato sea asignado a un mentor es el primer acuerdo o seis meses, lo que ocurra primero. Una vez que el primer acuerdo se cierre, el mentor no recibe ninguna comisión más del novato. Si el novato no puede cerrar una transacción dentro de los seis meses, entonces el tutor no está obligado a utilizarlo más. Por lo general, lo que ocurre es que, como a ambas partes les gusta tanto su relación, deciden continuar su acuerdo más allá de los seis meses, hasta el primer cierre del novato. Por lo general, lo habitual es que transcurran 180 días para el cierre del primer acuerdo, pero depende de la capacidad de ventas del novato. Construir equipos (de manera natural) dentro de tu amplio equipo de agentes es siempre algo bueno.

El siguiente método para conseguir agentes es a través de los medios sociales. Necesitas crear conciencia. Muy pocos agentes conocen acerca de cuánto dinero pueden ahorrar o ganar al no dárselo a su corredor. Difunde la palabra. Comienza con Instagram, Facebook, y Twitter. Debes publicar un evento emocionante por día. Puedes utilizar www.hootsuite.com y hacer una publicación que automáticamente se publique en todos los medios de comunicación social. Estos son algunos ejemplos de atractivas publicaciones que solíamos poner diariamente:

1. Cheques de comisiones en vivo mostrando cuánto dinero le correspondía al agente
2. Entrenamientos en vivo (por ej., temas semanales)
3. Listados exclusivos fuera de mercado (o su valor agregado especial)
4. Citas, frases motivacionales de ventas
5. Fiestas de invitación abierta y 'happy hours' (hora feliz)
6. Vídeos divertidos de parodias y comedias representando la industria de bienes raíces
7. Progreso (mostrando los hitos más importantes, como la firma de un nuevo contrato de arrendamiento de oficina)

Está bien, las publicaciones ciegas son buenas, pero no grandiosas. Para ser un anunciante excepcional debes publicar con "hashtags". Estos son los signos "#" antes del mensaje, por lo que en caso de que alguien esté buscando "100% de comisión" y escriba "#100porcientocomisión", ¿adivina qué aparece en primer lugar? No tu competidor. Apareces tú. Por ejemplo, una publicación modelo sería:

Otro agente que gana $ 3,000 y se queda con todas sus comisiones.

Llama o envíanos un email hoy para unirte.
#100porcientodecomisión #100porcientobienesraíces
#100%TUCIUDAD.

El último método para obtener grandes agentes potenciales, y mi favorito, es por referencias de agentes actuales. Así es como funciona. Cada agente actual que inscriba a un nuevo agente recibirá $200 en efectivo, por ejemplo, al momento del primer cierre de ese agente. Así que, si tu agente actual trae a bordo a cinco nuevos agentes que cierran tratos de compra y venta, entonces eso le genera un extra de $1,000 en sus bolsillos. Algunos agentes están más entusiasmados por la tasa de referencia de $200 que por el cien por ciento de comisión. ¿Por qué? Porque de todos modos le van a contar a todo el mundo acerca de cómo su corredor sólo le quitó $ 795 de sus $15,000 de comisión, así que también pueden obtener un bono de agradecimiento por hacerlo.

Esto es de lo que no se trata un esquema multinivel de marketing de una gran empresa de bienes raíces. Muchas grandes empresas de bienes raíces tienen un truco multinivel de marketing que implica que los agentes están creando un "ingreso pasivo" al traer a otros. Ellos promueven este concepto de "reparto de beneficios" e ingresos residuales. Esto no funciona y crea falsas expectativas para la mayoría. La mayoría de los agentes que "compraron" este discurso de ventas terminan centrándose en tratar de hacer dinero extra en lugar de centrarse en lo importante—construir su negocio de venta primario. Esto a la larga conduce a la frustración y a la disonancia cognitiva.

Inmediatamente ellos buscan otra empresa y van de una a otra hasta que se dan cuenta de que los bienes raíces no es para ellos. Piensa en esto: si la franquicia de una gran empresa de bienes raíces les ofrece a todos los agentes un 50% neto, ella se está quedando con un 50%. A partir del 50% te están dando un 10% por cada agente que reclutas, entonces tal vez el pago para el próximo agente que traigas será un 5%, luego un 2%, etc.

Todos bajo este esquema de multinivel se ven obligados a nunca recibir el cien por ciento de comisión. La franquicia de una gran empresa de bienes raíces justifica esto al decir que no podemos hacer esto porque tenemos que pagarte una cuota de reclutamiento. Es un sistema que se canibaliza a sí mismo. Repite lo mismo y espera resultados diferentes. Es una locura. Todo el mundo merece la máxima compensación. Ser un agente de bienes raíces o un corredor es un trabajo duro. Toneladas de ofertas no se cierran y hay que corretear un montón todos los días. Es simplemente justo obtener la cantidad máxima de pago, lo que el mercado libre demanda: cien por ciento de comisión.

Capítulo 6
PUNTOS PARA RECORDAR

» El secreto de 1,000 agentes en 36 meses es la creación de una línea de montaje de servicio y soporte. Desde el reclutador trayendo oportunidades, hasta el corredor que las cierra, al personal de apoyo para que se familiaricen con la empresa. ¡Piensa en Chipotle!

» Las cinco formas más destacadas para reclutar agentes de bienes raíces son a través de llamadas o "marcando por dólares", anuncios en línea dirigidos y envío de emails masivos, correo directo a nuevos agentes con licencia, publicaciones en medios sociales masivos, y referencias de agentes actuales.

» La fórmula de reclutamiento es 200 llamadas al día = 7-10 citas al día = 8-10 incorporaciones a la semana = aproximadamente 360 agentes al año o 1,080 agentes en 36 meses.

» El potencial de 1,080 agentes a $795 de tasa fija por expediente puede hacerte ganar más dinero que los mejores cirujanos plásticos de todo el país: 1,080 agentes x $795 por expediente x 30% que realmente se produce = $257,580 al mes x 12 meses = ¡más de $3 millones al año en ingresos pasivos! Generas dinero mientras duermes. No se requieren suturas o un título de doctor.

» Las publicaciones masivas en medios sociales con hashtags, la creación de 20-30 páginas de aterrizaje con diferentes nombres de dominio, las referencias de agentes actuales, y el envío de correo directo a los novatos son algunas otras formas que se pueden entrelazar con las llamadas telefónicas salientes para obtener máximos resultados cuando se trata de generar agentes de bienes raíces potenciales para tu reclutador.

7

Creando Siete Fuentes de Ingresos Con Cien Por Ciento de Comisión

Siempre he dicho que un verdadero millonario tiene siete fuentes de ingresos entrando en un momento dado. Con lluvia o sol, los depósitos llenan la cuenta bancaria diariamente. Muchos agentes de bienes raíces se dan el "lujo" de cerrar tres o cuatro grandes tratos al año. Si ellos pueden tocar más de $250,000 por año, están eufóricos. El único problema es que se están muriendo de hambre al siguiente año y el círculo vicioso continúa; festín o hambruna.

Como un corredor del cien por ciento, tienes siete fuentes principales de ingresos que potencialmente puedes generar para suavizar cualquier volatilidad en el mercado, tales como: el abandono de algunos agentes, el aumento de las tasas de interés, y una mayor competencia entrando. Las siete fuentes son:

1. Una tasa fija por transacción, o tasas mensuales
2. Tasas de transacción de doble inmersión

3. Oportunidades (Clientes Potenciales)
4. Título
5. Hipoteca
6. Adelantos de Comisión
7. Más ganancia

En primer lugar, la tasa fija convencional por transacción, o tasas mensuales. Diferentes corredores del cien por ciento de comisión juegan con una o con la otra (y posiblemente con ambas). Desde el mercado observé que la tasa fija promedio "todo incluido" que crea un corredor (es decir, incluye el seguro de E&O y la tarifa de transacción a cargo del comprador o el vendedor) es de alrededor de $ 595-$995. Algunos corredores no quieren esperar al cierre del acuerdo de un agente y la cambia por una tasa "todo incluido" más elevada con un plan de suscripción mensual. Por ejemplo, pagas $99 al mes y tu tasa "todo incluido" total se suprime o reduce (por ejemplo, $199). Muchos corredores en el mundo de cien por ciento ofrecen de tres a cinco diferentes planes de comisiones mensuales para los agentes, como "oro", "plata" y "platino".

La suposición general es que la mayoría de los agentes no producen y a ti, como corredor, se te tiene que compensar por todo el riesgo que ellos toman en el mercado al representar tu correduría, mediante algún pago. Lo que me di cuenta al hablar con miles de agentes durante el proceso de reclutamiento fue que complicado significa "no". Por lo tanto, mi oferta de precio era muy simple. Un plan, un precio, sin cuota o tasa mensual; si no cierras un trato no pagas, sin contratos. El agente tiene un riesgo muy pequeño, lo que equivale a que todas las razones para no irse.

Además, cuando los tiempos son difíciles, ¿qué es lo primero que quitas? Esas membresías mensuales y esos gastos o cuotas mensuales discrecionales. Hagamos una hipótesis rápida para ver los dos modelos de precios:

SIN TASA MENSUAL

1,080 agentes x $795 por expediente x 30% que realmente producen

---

$257,580 pasivos al mes

vs.

TASA HÍBRIDA MENSUAL + TASA BAJA TODO INCLUIDO

1,080 agentes x $99 al mes = $106,920 al mes
+
1,080 agentes x 30% que realmente se produce x $199 por expediente
= $64,476 al mes

$106,920 + $64,476 = $171,396

Como se puede ver, el enfoque "sin tasa mensual" es más lucrativo y te provee con menos desgaste. Si un agente no tiene nada que perder al mantener su licencia activa y tú eres el proveedor de servicios más bajo de la ciudad (y que cumple con las seis promesas no cumplidas), ¿por qué se irían a otra parte? Por el contrario, estás negociando el flujo de dinero en efectivo desde el primer día. Recuerda: lleva tiempo que los agentes se inscriban en tu empresa, consigan listados, muestren casas, abran garantías, batallen las contingencias, y que realmente cierren. Una ventana mínima de noventa días a lo mejor. Prueba tu mercado y juega con los números. Al final del día, la demanda hablará. Sólo asegúrate de ser el proveedor número uno.

La segunda fuente de ingresos que te genera un montón de dinero ocurre cuando 'sumerges' doblemente las tasas fijas. Recuerda que casi todas las corredurías, las del cien por ciento y las que no ofrecen el cien por ciento, le cobran al cliente del agente de bienes raíces una "cuota por transacción" al momento del cierre. ¿Por qué? Es sólo otra manera de hacer dinero. Es más o menos una tasa chatarra, pero es estándar en toda la industria. Piensa en una "cuota de distribuidor" cuando compras un coche. Cada vez que tu agente vende una casa, obtienes esta tarifa. A veces, tus agentes terminan por representar tanto al vendedor como al comprador, que se conoce como "sumergir dos veces" en una transacción. Hacen una comisión de seis por ciento (en lugar de la habitual de tres por ciento), y ganan una tasa de procesamiento adicional. Es como sumergir ese crujiente y sabroso chip nuevamente en un tazón compartido.

Por lo tanto, si tu tasa "todo incluido" para el agente era $300 de tasa fija + $100 por el seguro de E&O + la tarifa de transacción comprador por $395, para un total de $ 795, en realidad ganaste otros $395 por el lado del vendedor de la transacción. Por lo tanto, $795 + $395 = $ 1.190 por un expediente. ¡Guau! La probabilidad de que ocurra es alrededor de un 15% de las transacciones, en base a mi tamaño de la muestra y diez años de experiencia. Sin embargo, luego de consultar a muchos otros corredores del cien por ciento de comisión, ellos también están de acuerdo.

Una forma de asegurar que esto suceda es difundir tus listados de oficinas cada semana. Por ejemplo, todos los viernes emitíamos una hoja que mostraba cada uno de los listados de nuestros agentes. Luego, durante el fin de semana, ocurría la magia. Un agente mostraba el listado de otro agente, trabajaban en el expediente juntos, y todo el mundo ganaba: el agente del listado, el agente vendedor, y la correduría.

¡Lo siguiente es clientes potenciales, clientes potenciales y más clientes potenciales! ¿Qué agente no grita por más? La pregunta número uno que me hacían todos los días era: "¿Usted proporciona clientes potenciales?" La respuesta es: absolutamente. Así es cómo funciona el juego. Todos los clientes potenciales provienen del mismo lugar. Los clientes potenciales son los compradores que buscan comprar una casa y los vendedores que desean vender su casa. La mayoría de los corredores compran oportunidades (clientes potenciales) en línea y los arriendan a una rotación de todos contra todos a sus agentes. Cuanto más agentes produzcan, más clientes potenciales reciben. Las tres mayores fuentes de clientes potenciales son Realtor. com, Zillow.com, y Trulia.com.

Cada vez que un comprador potencial de vivienda visita estos sitios web para buscar la casa de sus sueños, acaban registrándose e ingresando sus criterios de búsqueda. Dentro de su búsqueda (por ejemplo, código postal) aparecen ciertos listados o casas. Una vez que haces clic en una cierta casa que te gusta, en el lado derecho verás ya sea el "agente del listado" que pagó una prima para mostrar su listado, o el texto "dime más sobre esta propiedad», donde puedes solicitar más información. Esto es, a nivel interno, la "oportunidad" o cliente potencial.

Mientras tanto, los corredores compran códigos postales (por ejemplo, 33156) de las mismas fuentes de oportunidades y todas estas solicitudes de los compradores de vivienda potenciales o clientes potenciales son vendidas en trozos a diferentes corredores. Por lo tanto, si mi oficina está situada en el código postal específico, 33156, yo quiero ser dueño de ese código postal para obtener todos los clientes potenciales compradores de vivienda que soliciten información. Sin embargo, Realtor.com es inteligente. Ellos toman ese código postal y lo dividen en secciones y venden un pedazo de esa sección en un plan mensual. A continuación, dan la vuelta y venden la otra sección a quien más esté dispuesto a pagar (es decir, tu competidor). Por lo tanto, pueden existir cientos de corredores dentro de un código postal específico comprando clientes potenciales.

Lo mismo ocurre con Zillow.com y Trulia.com. Esto también ocurre con la tecnología, ya que estas empresas venden soluciones de oficina para gestionar expedientes de agentes, transacciones, gestión de contactos, sitios web de los agentes, distribución automatizada de oportunidades, etc. Un gran jugador en este espacio es www.marketleader.com, una empresa de Trulia.com. Por clientes potenciales y tecnología, un corredor puede pagar entre $500 al mes y $15,000 al mes (o más), dependiendo del número de clientes potenciales y agentes que quieren que se gestionen bajo su oficina.

Algunos corredores también obtienen clientes potenciales por ellos mismos a través de su propia publicidad local. Por ejemplo, mediante la colocación de anuncios en periódicos, folletos, y letreros alrededor de la ciudad. Imagina 500 agentes y un 30% de ellos con listados en tu ciudad. Es decir, 150 viviendas con el número y nombre de tu oficina, por lo que cuando un comprador potencial conduzca por la ciudad, llamará a tu oficina y podrás capturar esos datos como una "oportunidad" y se lo entregarás a tus agentes.

Esta fue una de las mayores maneras en la que capturamos clientes potenciales. Al representar a los principales bancos nacionales, automáticamente sindicábamos a los principales sitios web de ejecuciones hipotecarias, tales como www.homepath.com o www.homesteps.com, donde capturábamos toneladas de compradores potenciales para distribuir. Otra forma en que se capturan clientes potenciales es "raspado de datos" de sitios web. Puedes contratar a programadores informáticos en www.elance.com para "raspar", o capturar, todos los datos que sean visibles (por ejemplo, dirección de correo electrónico, información de contacto, etc.) de la sección "vivienda deseada" en www.craigslist.com, por ejemplo, para que te sean enviados por correo electrónico de forma automática. Por lo tanto, cada vez que una nueva persona publique en la sección "vivienda deseada", te lo notificarán. Lo que no debes hacer es publicar publicidad falsa en craigslist.com para recibir llamadas telefónicas. Muchos agentes hacen esto para conseguir clientes potenciales, especialmente oportunidades de alquiler (personas que buscan alquilar viviendas). Ellos publican un edificio y un precio, pero dejan de lado el número de unidad para generar una llamada telefónica. Una vez que consiguen la llamada, dicen que la unidad acaba de ser vendida o alquilada, pero que tienen muchas otras para mostrar. Esto no es ético y puede ser multado por tu comité de ética Realtor® y perder tus privilegios del MLS.

Ahora que ya sabes de dónde provienen las oportunidades, es el momento de aprender cómo hacer dinero de ellas. Lo que hicimos en nuestra firma fue ofrecerles en una división del 70/30. Así que, si yo gastaba el dinero en publicidad y trayendo a un cliente potencial, ofrecería un programa de oportunidades para aquellos que lo quisieran y estuvieran dispuestos a pagar a la "casa", o a la correduría, el 30% por cada operación que se.

Esto, también, era una propuesta sin riesgo para el agente, ya que podían trabajar con compradores en vivo sin pagar por ello (es decir, yendo directamente a Realtor.com y comprando de clientes potenciales). El inconveniente de esto es que algunos agentes no lo tomaban en serio porque no tenían nada en juego y quemaban valiosos compradores potenciales. Entonces, se implementó un software de seguimiento (CRM), un sistema de gestión de relaciones con clientes (ver el Apéndice A) para garantizar un seguimiento adecuado. Cerca del 10% de los clientes potenciales que repartas cerrarán. Eso es todo. Esto se debe a que la calidad de la oportunidad no es buena (los compradores no son serios) o tu agente no trabaja correctamente la oportunidad (por ejemplo, toma demasiado tiempo para responder).

Por lo tanto, también puedes ofrecer clientes potenciales en una base de tasa fija (por ejemplo, $50 por cliente potencial) o bajo una base de cuota mensual ($99 al mes) por una cantidad de clientes potenciales XYZ. Si tienes suficiente presupuesto, puedes negociar con los tres proveedores de clientes potenciales más grandes y conseguir clientes potenciales al por mayor (a una tasa más barata) y vendérselos a tus agentes al por menor (con un margen de beneficio del 40%). Prueba los tres métodos diferentes; todos ellos funcionan. En nuestra empresa ofrecíamos clientes potenciales bajo una división de 70/30 sin otros cargos. A pesar de que no suena impresionante, los números suman.

Suponiendo un precio medio de compra de $250,000 x 3% (comisión de tu agente) x 30% (cuota de la casa) = $2,250 por transacción. En los primeros años estuvimos haciendo alrededor de 150 transacciones al mes x 12 meses = 1,800 transacciones al año x 10%

de tasa de éxito = 180 transacciones adicionales. Ahora, multiplica 180 tratos por un año x $2,250 por trato y estás hablando de dinero en serio = ¡$405,000 de bono anual! Nosotros tuvimos que restar los $5,000 al mes por los gastos de generación de oportunidades ($60,000), lo que nos dejó un neto de $345,000. Esto es lo que llamamos un "dulce" en el negocio.

Esto también se aplica a los alquileres. La mayoría de los agentes trabajan al principio con alquileres, ya que es dinero rápido. La gente alquila casas en semanas, en lugar de mirar casas para comprar y decidirse en cerrar, lo que puede tardar meses. Si puedes proporcionar un flujo de clientes potenciales de alquiler utilizando los mismos métodos descritos anteriormente, puedes obtener un flujo de efectivo más rápido y reclutar a una gran cantidad de agentes que se especialicen en alquileres.

La cuarta fuente de ingresos está en los títulos. Muchas grandes empresas de bienes raíces y grandes compañías tienen servicios de título 'en casa'. No los culpo; los números son increíbles. Algunos estados permiten a los no abogados mantener garantías y vender pólizas de título, pero algunos estados no lo hacen. Si eres un corredor en uno de los Estados que no lo permite, es posible que desees mudarte a un estado que sí lo haga después de ver la cantidad de dinero que las compañías de título pueden hacer.

En primer lugar, una palabra de precaución. Asegúrate de tener las licencias apropiadas y las declaraciones de negocios afiliados preparadas y de entregárselas al cliente en el momento apropiado en el ciclo de ventas, así no violarás el Acta de Procedimientos de Cierre de Bienes Raíces (RESPA); de lo contrario, puedes ser objeto de sanciones penales y civiles. Puedes visitar el sitio web del Departamento de Vivienda y Desarrollo Urbano de Estados Unidos (hud.gov) para averiguar exactamente qué lenguaje necesitas en la declaración. De acuerdo, con eso fuera del camino, hablemos acerca de cómo las compañías de título y corredores ganan dinero.

La compañía de corretaje es el primer punto de contacto con

el comprador y la compañía de título es el último. Una vez que un agente de bienes raíces prepara una oferta, él o ella envía ese contrato, junto con el dinero de la garantía depositado a una compañía de títulos o abogado (es decir, el agente de cierre). El trabajo de este agente de cierre es abrir el expediente, mantener los fondos de la garantía, revisar el título preliminar para ver si hay algún problema con el título que pueda impedir la venta, aclarar las condiciones del título (por ejemplo, pagar violaciones y embargos extraordinarios, la obtención de comunicados, etc.), gestionar los plazos contractuales, adherir al protocolo de prestamista, preparar la Declaración de Cierre de Vivienda y Desarrollo Urbano (HUD-1) con todas las cifras apropiadas para las cantidades de préstamos, comisiones, honorarios, etc., y, finalmente, emitir la póliza del título.

Suena como mucho. Lo es. Podría decirse que es una de las facetas más estresantes del ciclo de corretaje de los bienes raíces. Todo el mundo espera que tú cierres. Los compradores tienen sus depósitos en riesgo después de que su período de inspección expira, o tienen sus pertenencias de vida en un camión en movimiento afuera de tu oficina, los vendedores necesitan sus fondos, ya que están a punto de cerrar en otra casa, el agente de bienes raíces está desesperadamente necesitado de sus comisiones, el prestamista necesita cinco condiciones aclaradas antes de enviar el préstamo, el tasador no encontró comparación suficiente como para justificar el valor, y se necesitan extensiones para comprar más tiempo. Para colmo de males, pasan dos años y una reclamación aparece en el título que evita que el comprador de la vivienda refinancie o venda su casa. Así que, ¿a quién acudir? A ti, la compañía de título.

Sin embargo, como declara la teoría de los estados de riesgo y retorno, a mayor riesgo, mayor retorno. Al final, el trabajo de un agente de cierre es vender. Eso es todo. Están vendiendo el seguro del título. Si un acuerdo se cierra, se les paga. Si no se les pagó, es porque el acuerdo no se cerró. Aunque muchos compradores y vendedores tienen la percepción de que las compañías de título son más que eso, no es así. Sí, necesitan personal para gestionar las líneas de tiempo, pero al final del día, el agente de cierre tiene que convencer al comprador de vivienda de usarlas.

De hecho, busca "principales compañías de seguros de título" y verás los mismos cinco nombres aparecer en casi todas las listas basadas en la cuota de mercado: First American Title Insurance Company, Old Republic National

Title Insurance Company, Chicago's Title Insurance Company, Fidelity National Title Insurance Company, y Stewart Title Guarantee Company.

Entonces así es cómo crecen las compañías de título. Se les considera un proveedor de servicio para empresas (B2B). Ellos hacen sus ventas al solicitar a firmas de bienes raíces que alimenten su negocio. En cada cierre, ellos ganan dinero de dos maneras:

1. Cuota de liquidación: oscila entre $395-$2,995 por lado (comprador y vendedor)
2. Comisión de seguros del título (comprador): por lo general el 70% de la póliza del título que aparece en la sección de cierre del HUD-1. El costo real de la póliza del título es regulado por cada estado por una tarifa promulgada.

Hagamos un cálculo rápido. Suponiendo que eres el dueño de tu propia compañía de título como corredor y tu oficina está haciendo 150 expedientes al mes x 30% que realmente utilizan su compañía de título (no se puede obligar a ello), es igual a 45 transacciones al mes. Vamos a suponer que el precio medio de compra es de $250,000 y la tasa regulada por el estado es de 0.005. Por lo tanto, cualquier persona que compra una casa en $250,000 tiene que pagar $250.000 x 0,005 = $1,250 por una póliza de título. Supongamos también una cuota de liquidación $1,495 para cubrir los costes de grabación, copias, notario, FedEx, etc. Por lo tanto, la ganancia bruta total en cada expediente es de $1,495 + $1,250 = $2,745.00.

45 expedientes de títulos x $2,745 x 12 meses = ¡$1,482,300!

Estos son los números reales. De acuerdo, resta tres miembros del personal asalariados a tiempo completo (un abridor de expediente, un cerrador, y un post-cerrador) a $60,000 al año x 3 = $180,000 en salario, y aún estas te quedas con más $1.3 millones netos. Muchos de mis asociados que son dueños de compañías de título ganan de uno a tres millones de dólares al año. Ahora, en lugar de entregarle ese dinero a otra persona, imagina guardándolo dentro de tu empresa. Además, imagina realmente haciendo marketing de tu empresa como una correduría todo-en-uno y consiguiendo que el 30% de tasa de conversión sea de hasta un 50% (con las declaraciones apropiadas, por supuesto). Ahora estamos hablando de dinero en serio. Así es como los profesionales crecen el negocio.

A continuación, veamos la hipoteca, que funciona casi de la misma manera. Puedes quitar alrededor de uno o dos puntos porcentuales de la cantidad del préstamo para originar créditos con las licencias y declaraciones apropiadas. Esto, sin embargo, es mucho más difícil de hacer hoy de lo que era antes de la caída del mercado de bienes raíces en 2008. Hay más regulaciones y muchos suscriptores no permiten que un mismo individuo posea licencia de corredor y licencia de hipoteca. Sin embargo, los números funcionan. Quitando sólo un uno por ciento de un préstamo emitido de hasta $250,000 es $2,500 x 45 transacciones al mes x 30% que puedes impulsar internamente x 12 meses = ¡$405,000 extras! Nada por lo que girar los ojos.

Los adelantos de comisión y más ganancias son otros recursos de la correduría que pueden darte un montón de pequeñas cantidades de dinero a un ritmo más rápido. Esto es lo que ocurre normalmente. A medida que comiences a aumentar tu base de agentes tendrás más solicitudes. Las ofertas de los agentes quedan retenidas, están contando con dinero que no llegó a causa de un retraso, y están cortos de dinero. Te preguntan si estás dispuesto a adelantarles su comisión ya que estarán cerrando en dos semanas. Si se trata de un acuerdo en efectivo, y tienen dos o tres otras ofertas pendientes en el MLS (como garantía), y las condiciones de título están claras, a continuación, puedes hacer un buen 10-15% en tu dinero en un período muy corto de tiempo. Puedes contar con que el 10% de tus agentes utilizarán este servicio. Mientras seas una alternativa más barata que la tienda de cambio de cheques u otras ofertas de adelantos de comisión de bienes raíces, obtendrás fácilmente el negocio. ¿Por qué no? Ellos están con tu empresa y bajo tu supervisión. Es un sencillo complemento de venta que es un verdadero ganar-ganar; beneficioso para todos.

A continuación, llega más ganancia. Muchos agentes necesitan tarjetas de visita, letreros, cajas de seguridad, etc. Si puedes negociar un precio al por mayor para todos tus agentes (más barato que lo que pueden conseguir ellos mismos), tienes la oportunidad de generar un margen de beneficio en tus productos. Una vez más, asegúrate de ser más barato que lo que pueden conseguir por su cuenta, lo que beneficiará a todos. Por ejemplo, 500 agentes x un margen de $20 en tarjetas de visita = $10,000. A continuación, 500 cajas de seguridad con un precio razonable de $10 de margen = $5,000. Por último, 500 letreros con $15 de margen = $ 7,500. Suma las tres ganancias y estarás viendo un extra:

$10,000 por tarjetas de visita + $5,000 por cajas fuertes + $7,500 por letreros = ¡$22,500 al año!

El panorama general es, una vez más, sobre la creación de valor y un escenario de ganar-ganar para ti y tus agentes. Además, se trata de volumen. Al momento en que comienzas a crecer, los vendedores se acercarán a ti para solicitar tu negocio. Muchas veces he tenido comida gratis, seminarios y cursos de formación para mis agentes semanalmente por proveedores con la esperanza de obtener el negocio. A veces lo hacían si el precio era justo. A veces no lo hacían. Ese es el nombre del juego. Al final, es impulsado por el volumen: cuantos más agentes tengas, más dinero puedes hacer.

Capítulo 7
PUNTOS PARA RECORDAR

» Un verdadero millonario tiene siete flujos de ingresos entrando en su cuenta en cualquier momento dado.

» El modelo de comisión de tasa fija produce más beneficios que los modelos mensuales o híbridos.

» Con el fin de sumergir dos veces la tasa de transacción para hacer más dinero, debes compartir tus listados de oficina con cada agente a través de correos electrónicos masivos semanales y dejarlos ir a trabajar.

» Las oportunidades (clientes potenciales) pueden ser un enorme potencial de beneficio cuando se los ofreces sobre una base de 70/30, plan mensual, o por cliente potencial. Obtén oportunidades de las tres fuentes principales o por tu cuenta, y entrégaselos a través de un sistema CRM para monitorearlos.

» La creación de una empresa de título interna puede hacerte generar de uno a tres millones de dólares al año si, y sólo si, se entregan todas las declaraciones comerciales afiliadas adecuadas y se siguen las reglas.

» Las dos formas principales de hacer dinero siendo dueño de tu propia compañía de títulos son la cuota de liquidación ($395 - $2,995) y la comisión por póliza de título (generalmente el 70% de la prima pagada por el cliente).

» La creación de hipotecas puede producirte un uno o dos por ciento de la cantidad del préstamo y es una buena manera de hacer un poco de dinero extra, aunque las reglas y regulaciones son más duros que antes.

» Los adelantos de comisiones y más ganancias son maneras de hacer un montón de pequeñas cantidades de dinero a un ritmo más rápido. Crea un margen de todo para tus agentes, pero asegúrate de ser todavía más barato que lo que pudieran obtener por su cuenta, así es un verdadero escenario donde todos ganan.

8

Cómo los Agentes Pueden 'Sumergir Dos Veces' en Listados y en Compradores Potenciales

La manera más rápida para hacer crecer tu cartera de negocios como agente de bienes raíces es obtener listados. Este es el nombre del juego. Pregunta a cualquier veterano de la industria y él o ella te dirá que te centres en los listados, ya que son más baratos de mantener, consigues publicidad gratuita, requieren menos trabajo, y te traerán más negocios de referencia en la ciudad. Por ejemplo, cuando firmas un acuerdo de listado exclusivo con un vendedor (generalmente de seis meses), tienes increíbles oportunidades de marketing.

Letreros en el frente del jardín, sindicación de marketing a través de Realtor.com y varios otros sitios web, publicidad exclusiva sin poner "cortesía de correduría XYZ", y consigues sumergir dos veces en las transacciones (es decir, ganar el seis por ciento en comparación con el tres por ciento habitual). Los compradores inteligentes saben trabajar con agentes de listados directamente debido a que tienen una mayor probabilidad de que su oferta sea aceptada en un mercado de bienes raíces caliente. El agente del listado por lo general tiene ventaja interna porque sabe qué ofertas están entrando en la casa, y por lo general elegirán su propio cliente a quien representar, ya que esperan ganar un seis por ciento por encima del tres por ciento que hubieran ganado al trabajar con otro agente de bienes raíces cooperante en la transacción.

Lo más importante, es menos trabajo. Poner un listado en el MLS, poner una caja de seguridad en la puerta, establecer estrictas citas para mostrar viviendas, y dejar que todos los agentes que trabajan duro que representan a compradores, los "agentes vendedores", vengan a ti. Si tu propiedad se cotiza correctamente, tendrás una casa estrella y de tres a cinco agentes de venta que tratarán de vender tu listado en algún momento dado. Una vez que obtengas un listado, a continuación, da la vuelta y prepara postales de 6"x 9" o más grandes y envíalas por correo a un radio de una milla de la vivienda, para que todos los demás propietarios sepan que estás listando esta casa.

¿Qué ocurre? Comienzas a recibir llamadas de vendedores potenciales interesados en saber cuánto cuesta tu casa, lo que resulta en que obtienes sus listados. Tarde o temprano, controlas el 30% de la cuota de mercado en un área, tienes más control de tu tiempo, y consigues sumergir dos veces en más transacciones.

Por otra parte, trabajar con compradores es importante, pero requiere más tiempo sin ninguna garantía. Si estás en el otro extremo de este escenario, encontrarás compradores que han estado trabajando contigo durante tres o cuatro meses, han reducido su elección a tres casas dentro de su presupuesto, y han concertado una cita para mirar su primera opción o "la casa de sus sueños". A medida que los clientes se enamoran de la casa y preparan la oferta, el agente del listado te llama diciendo: "Lo siento, la vivienda tiene contrato pendiente." Acabas de aplastar las expectativas de tus compradores y los desmotivaste de toda la experiencia de compra de viviendas. ¿Qué ha pasado? El agente del listado encontró su propio comprador y ganó el seis por ciento quitándote del trato.

Alternativamente, podrías tener tu oferta aceptada y, en el último momento, el prestamista llama y dice que el suscriptor no dio a los compradores un manifiesto para cerrar porque no cumplían con sus ratios de vivienda. ¿Qué? Exactamente.

¿Qué es esto? El comprador te utiliza para hacer el trabajo de campo (es decir, ser el "conductor de Uber") y una vez que hayas reducido a las tres primeras casas, utilizan a su amigo con licencia para redactar el contrato, porque se comprometieron a darles una tarjeta regalo de Home Depot™ o algo de dinero. Pasa todo el tiempo.

No te preocupes; hay una solución, y es uno de los mayores beneficios de trabajar con un corredor de comisión del cien por ciento. La mejor manera de retener y maximizar la "doble inmersión" en tu listado y compradores potenciales es poner en práctica un modelo de reembolso en efectivo; ofrecer un reembolso legal en efectivo de compra o venta o crédito para los costos de cierre. Ya que tú, como agente te estás quedando con el cien por ciento del pastel menos la tasa «todo incluido» de la casa, tienes la oportunidad de descontarle a tu cliente de tu comisión tanto como desees. Por supuesto, asegúrate de que sea legal en tu estado y obtén las declaraciones apropiadas RESPA, como se discutió en el capítulo siete.

Piensa en ello. Si un cliente está en el mercado para comprar una casa y todos los agentes de bienes raíces tienen acceso a la misma casa a través del MLS, ¿no te utilizarían a ti si les ofreces una devolución del 30 o 40% de tu comisión, en lugar de a un agente de una gran empresa de bienes raíces que simplemente les da una caja de fruta y una tarjeta de agradecimiento? Absolutamente. Haz los cálculos. $250,000 de la casa x 3% = $ 7,500 de comisión. Dale al cliente el 30% de eso, que es la gran cantidad de $2,250 ($7,500 x 30%) efectivo o en crédito para los costos del cierre. ¡Les estás pagando para que compren! ¿Crees que tratarían de eludirte si su hogar ideal se vende? Para nada.

Tienes un cliente de por vida y les dirá a todos que tú le pagas a la gente para que compre. En nuestra firma, hemos tenido agentes que, simplemente a través del 'boca a boca', triplicaron su base de contactos ofreciendo esto. La mejor manera de hacerlo es correr la voz en línea y fuera de línea. En primer lugar, necesitas el permiso de tu correduría para hacerlo. La mayoría, si no todas, las correurías con el modelo del cien por ciento de hecho alientan a sus agentes a hacer esto. Recuerda: lo único que quieren es su tasa fija por expediente. Asumiendo que esto es una oportunidad, haz que se sepa por todas partes, en línea y en la vida real. Ponlo en tu firma en los emails, en tus tarjetas de visita, en la página web, en los correos masivos directos y en los medios sociales; cuéntaselo a todo el mundo en los eventos de redes laborales; deja que todo el mundo sepa que entregas dinero. Una gran manera de poner esto en práctica es visitar todos los sitios de desarrollo de la ciudad. Reúnete con los representantes de ventas de los desarrolladores de renombre tales como Lennar, KB Homes, Related Group, etc. e intenta ver si puedes crear un exclusivo programa de compradores de casa con ellos. Crea volantes, haz eventos, y promuévelo en las redes sociales con el objetivo final de crear conciencia.

A muchos de mis agentes se les permitió establecer stands y reunirse en el sitio de desarrollo con los compradores de vivienda que necesitaban un poco más de incentivo financiero para cerrar la casa de sus sueños. Muchas veces los clientes van derecho a un desarrollador no representado y no tienen suficiente dinero para cerrar. Si el representante de ventas interno te tiene en mente, puede referir a esa persona a ti y tú la puedes ayudar con los costos de cierre, por lo tanto, ocurre una venta. Además, muchas veces los desarrolladores pagan grandes comisiones (de seis a ocho por ciento) por traer un comprador.

Puedes anunciar todo esto a través de Internet utilizando las páginas de aterrizaje y SEO, como se discutió en el capítulo seis, para generar oportunidades de compradores de viviendas. Una vez que llaman, diles que no sólo los representan de forma gratuita, pero que les devolverás el 30-40% de tu comisión en efectivo o para que lo descuenten en sus costos de cierre. Incluso devolviéndole una parte de tu comisión a tu cliente, todavía ganarás más dinero que un agente de una gran empresa de bienes raíces. Es algo hermoso.

De hecho, este modelo funciona tan bien que tanto Ziprealty.com (una compañía pública, un teletipo ZIPR) como Redfin.com lo anuncian a nivel nacional. Muchos de mis agentes utilizaron un acuerdo de rebaja para duplicar sus operaciones (ver el Apéndice D). Los agentes pasaron de cero ventas, nuevos en el negocio, a tocar más de seis cifras dentro de los doce meses al pagarle a la gente para que compren.

Lo mismo ocurre con los listados. Si puedes ofrecer un reembolso de comisión de uno o dos por ciento a cualquier vendedor que esté dispuesto a vender su casa, ese vendedor acaba de ahorrarse una gran cantidad de dinero. Además, ahora tienes la oportunidad, como agente, de sumergir doble en la transacción. Un listado típico paga seis por ciento de comisión. Ofrece un punto porcentual a ambos lados, el del listado y el de la venta (dos por ciento) si estás representando a ambas partes, y te quedas con un cuatro por ciento. Puedes dar más si lo deseas, siempre y cuando te asegures de que la compañía de corretaje o "la casa" obtenga su cuota.

La clave para duplicar tu negocio de listados es un marketing adecuado después de obtener tu primer listado. Esto se debe ejecutar en conjunto con el modelo de reembolso en efectivo. Esto no significa sólo "enlistarlo" en el MLS y sentarse a esperar. Un listado puede generar al menos otro listado y un comprador, si se trata de un precio justo. Por lo tanto, es una oportunidad increíble para compartir con todos. Algunos de mis agentes tuvieron mucho éxito con letreros de "Se Vende" en el patio acompañado de "letreros montados" con el mensaje "$3,000 en efectivo para comprar".

La mayoría de las llamadas son vecinos, curiosos por averiguar lo que está pasando, lo que se convierte en "tasación de la vivienda o valoración" gratuitas, que luego se convierte en tú consiguiendo una cita para enlistar sus casas. Por supuesto, cambia la cantidad de efectivo con la cantidad que estás entregando, pero asegúrate de tomar este enfoque y ponlo también en folletos y en tu página web, envía por correo informes gratuitos, envía por correo informes estadísticos de marketing, ponlo en imanes, y, lo más importante, en tus medios de comunicación social.

Además, la mayoría de las veces después de enviar por correo un folleto dentro de un radio de una milla de tu listado actual, conocida como la "zona de granja," los vendedores potenciales comenzarán a llamarte. Estas son "oportunidades de vendedores en caliente" y te dan la oportunidad de reunirte con ellos en persona para revisar tu plan de reembolso de descuento para ahorrar dinero en la venta de su casa.

El método más importante y poderoso para conseguir listados es una amistosa llamada telefónica. Muchos programas del MLS cuentan con un software de impuestos que pueden permitirte obtener los números de teléfono de los residentes dentro de un área determinada. Si puedes llamarlos, asegúrate de que no están en el Nacional No Llamar (www.donotcall.gov), o cualquier lista declarada para no recibir llamadas (hay toneladas de productos de software que pueden automatizar esto por ti, búscalos en Google). Este es un gran guion de llamada telefónica para obtener una cita de listado:

Hola, habla TU NOMBRE de TU EMPRESA Bienes Raíces. ¿Es un buen momento para conversar? Estupendo; sólo estamos llamando para hacerle saber que la casa de su vecino acaba de ponerse a la venta y estamos ofreciendo un reembolso en efectivo a cualquier persona interesada en comprarla. Si por casualidad usted conoce a alguien que esté buscando comprar o vender, por favor dele mi nombre y número, porque esta es una oportunidad increíble".

Antes de colgar, pregunta si puedes enviarle por correo electrónico un informe de tasación de vivienda gratuito, sin obligación. La mayoría de las veces dirán "sí" y te darán su dirección de correo electrónico. Una vez que lo hagan, acabas de obtener un nuevo contacto y la oportunidad de permanecer en sus mentes cuando estén listos para enlistar sus hogares. Esta técnica de llamadas en frío funciona muy bien cuando estás ofreciendo servicios gratuitos y valor real.

De este modo, mediante la implementación de un modelo de reembolso en efectivo, tienes la capacidad de hacer lo que una gran empresa de bienes raíces tradicionales no hace: pagarle a la gente por comprar y vender. Ayudar a los compradores con dinero en efectivo en el cierre o crédito para los costos de cierre puede cambiar sus vidas. Sin embargo, la mayoría no puede hacer esto, debido a su tradicional estructura de comisiones de bienes raíces, lo cual es lamentable. La buena noticia es que nunca es demasiado tarde para ser un agente del cambio, creando escenarios que beneficien a todas las partes y obteniendo clientes de por vida.

Capítulo 8
PUNTOS PARA RECORDAR

» Centrarse en los listados es la clave del crecimiento acelerado. Los compradores inteligentes van directamente a los agentes de listado para conseguir que sus ofertas sean aceptadas. Además, es menos trabajo, y tienes la capacidad de sumergir dos veces en comisiones (y hacer un 6% en comparación del habitual 3%).

» Ser un agente de comisión del cien por ciento te permite implementar un modelo de reembolso en efectivo. Al compartir tu comisión con los compradores de vivienda, puedes evitar que te eviten y ser un "conductor de Uber", y puedes cerrar muchas más ofertas.

» La forma más rápida para alcanzar las seis cifras, si eres nuevo en el negocio, es establecer contacto con los representantes de ventas dentro de desarrolladores de vivienda y hacer un programa de reembolso para compradores de vivienda en conjunto. Muchos compradores de casas necesitan un incentivo adicional para cerrar su casa, y tú puedes ser el agente que les garantice que conseguirán la casa de sus sueños.

» Al ofrecer un uno a dos por ciento de reembolso en efectivo o de crédito para cubrir los costos de cierre a un vendedor de casa, puedes duplicar tus listados dentro de un área de la finca, recibirás más llamadas de prospectos y obtendrás oportunidades de compradores directas, ya que sentirán curiosidad por el incentivo de "efectivo para comprar".

» Conviértete en un agente del cambio: cambia la vida de los compradores y vendedores al ofrecerles un reembolso en efectivo. Crea escenarios beneficiosos para todos y ganarás clientes de por vida.

9

Pensamientos Finales para Agentes, Corredores, y Compradores

Una nueva ola de corretaje de bienes raíces ha llegado. Es inteligente, es astuta, es justa, y es competitiva. Crea valor agregado a todas las partes interesadas en el juego: agentes de bienes raíces, corredores, compradores de vivienda e inversores. Si eres un agente, por ahora has conocido todos los beneficios de todo el dinero que puedes ahorrar (o ganar) al cambiarte a un modelo de cien por ciento de comisión de corretaje. No estoy abogando el hacer esto de inmediato, sino simplemente mantén la mente abierta.

Hoy en día el panorama de una correduría de bienes raíces ha cambiado. Con el rápido avance de la tecnología, muchos corredores están ofreciendo una capacitación o entrenamiento similar y otras promesas incumplidas que muchas de las grandes empresas de bienes raíces hacen. Tú trabajas duro todos los días en las calles. Te mereces cada centavo desde el primer día sin que te pongan en una caminadora para "trabajar hasta el cien por ciento de comisión."

Si eres un corredor (o estás pensando en ser un corredor), tienes la capacidad de ofrecer el cien por ciento de comisión a todos sus agentes. Sigue los principios establecidos en este libro y ve cómo florecer tu negocio. Los números son reales. Funcionan. Vas a crear una situación beneficiosa para todos, dando más dinero a tu agente y, a cambio, conseguirás más volumen y tasas fijas por transacción. Crecerás hasta tener 1,000 agentes dentro de los 36 meses y envíame un tweet cuando llegues allí. ¡Es emocionante!

Si eres un comprador o inversor, trabaja con agentes comisionistas del cien por ciento. Recuerda que todos ellos tienen acceso a las mismas casas en el mercado a través del MLS. Además, te pagan por comprar y vender. Asimismo, muchos trabajadores del cien por ciento hoy en día han crecido tanto y tan rápido que pueden conseguirte más exposición que una gran empresa de bienes raíces tradicional. Además, están más motivados para venderlo rápido: están bajo el modelo del cien por ciento de comisión.

En la próxima década, la mayoría, sino todas las correrdurías, adoptarán, de alguna manera, el modelo de cien por ciento de comisión. Funciona. Devuelve dinero y es beneficioso para todos.

El objetivo de este libro es compartir contigo lo que he descubierto hace diez años, que cambió mi vida y la vida de todos mis agentes (y sus clientes). Animo a todos a adoptar el modelo de cien por ciento de alguna manera: cuanto antes, mejor.

Si conoces a alguna persona que no está maximizando su potencial de ingresos, comparte con ella este modelo y devuelve el favor. Pagará dividendos. Te deseo una abundancia de riqueza y felicidad. Sé lo mejor que puedes ser.

Recursos de Bienes Raíces

L os siguientes son los recursos a los cuales desearás hacer referencia para expandir tu negocio. Muchos de los servicios aquí nombrados son los mismos que yo utilizo. Mi criterio era que, o bien sean gratuitos, o de muy bajo costo. Al igual que cualquier otra compra, siempre consigue tres estimaciones antes de tomar una decisión de compra. Que los disfrutes.

Blogs

www.blogger.com

www.wordpress.com

www.movabletype.com

www.ezinearticles.com

Ventas Comparables

www.zillow.com

www.eppraisal.com

www.propertyshark.com

**Gestión de Relaciones
con Clientes (CRM)**

www.propertybase.com

www.realvolve.com

www.realtyjuggler.com

www.topproducer.com

www.wiseagent.com

Marketing vía Email

www.awebber.com

www.contact29.com

www.fabusend.com

www.fastemailflyers.com

www.happygrasshopper.com
www.icontact.com
www.mailchimp.com

Oportunidades (Leads)
www.marketleader.com
www.zillow.com
www.realtor.com

Cajas Fuertes
www.padlocks4less.com
www.mfssupply.com
www.supraekey.com

Marketing
www.propertynut.com
www.trulia.com
www.listhub.com
www.postlets.com

Reuniones & Conferencias
www.go2meeting.com
www.freeconferencecall.com
www.skype.com

Compartir Notas & Documentos
www.box.net
www.dropbox.com
www.gotomeeting.com
www.logmein.com
www.slideshare.net

Establecimiento de Oficina
www.toktumi.com
www.ooma.com
www.freedomvoice.com
www.grasshopper.com
www.rapidfax.com
www.davincivirtual.com
www.regus.com
www.intelligentoffice.com
www.adobe.com
www.gotomypc.com
www.carbonite.com

Proyectos (Contratación de Personal)
www.upwork.com
www.elance.com
www.craigslist.com
www.angieslist.com
www.fiverr.com

Recursos para Agentes de Bienes Raíces
www.realtor.com
www.redatum.com
www.terradatum.com
www.act.com
www.yardi.com
www.topproducer.com
www.ebrokerhouse.com

Membresías para Agentes de Bienes Raíces

www.realtor.org
www.nareb.com
www.nahrep.org
www.areaa.org

Software de Reclutamiento

www.mojosells.com
www.voicelogic.com
www.realtyjuggler.com
www.insidesales.com

Letreros

www.buildasign.com
www.bigdaddyssigns.com
www.gotprint.com
www.signsonthecheap.com
www.real-post.com

Redes Sociales

www.activerain.com
www.hootsuite.com
www.linkedin.com
www.facebook.com
www.twitter.com
www.homethinking.com
www.instagram.com

Optimización en buscadores (SEO)

www.noblesamurai.com
www.seopowersuite.com

Muebles Usados Para Oficina

www.arnoldsofficefurniture.com
www.craigslist.com

Establecimiento de Página Web & Email

www.alamode.com
www.godaddy.com
www.domainsbot.com
www.wordoid.com

Guion de Cierre de Agente en Vivo

1. **Construir Afinidad:** En primer lugar, mantiene una pequeña charla. Por ejemplo: "¿Has llegado bien aquí? Háblame de ti mismo. ¿Cómo va el negocio hasta ahora?". A continuación, diles dos cumplidos acerca de ellos mismos. Ejemplo: "Me gusta tu reloj/zapatos o tarjetas de visita (si te entregan una). Además, he notado que acabas de cerrar una transacción grande. ¡Felicidades! (asumiendo que has hecho una investigación sobre ellos antes de que lleguen). Por último, averigua si tienen ventas pendientes. Esto es importante porque si tienen ventas pendientes en su correduría actual, no se inscribirán al instante y tú al saber eso, puedes ahorrarte unos buenos cuarenta y cinco minutos de la entrevista. No los eches, por supuesto. Sólo atraviesa este guion más rápidamente y marca en tu calendario cuándo se completan sus ofertas pendientes, así puedes hacer un seguimiento.

2. **Identifica Necesidades:** Ellos quieren el cien por ciento de comisión, clientes potenciales, o un inventario exclusivo. ¿Cuál es su botón de acceso rápido? Todo tu objetivo aquí es identificar lo que quieren y por qué se tomaron un momento de su día para sentarse contigo. ¡Durante el proceso de afinidad trata de averiguar lo que realmente les está "picando" para querer cambiarse contigo! Por lo general, será el plan de comisiones del cien por ciento o tu ventaja de valor (clientes potenciales, inventario, servicio de Cadillac Escalade, etc.). Aunque quizás les guste todo, habrá una cosa principal que más desean de todo lo que tienes para ofrecer. Una vez que la descubras, céntrate en ella a lo largo del resto de la entrevista.

3. **Presenta Soluciones:** Después de que les muestres las mejores prestaciones de tu correduría, repasa el paquete de inscripción con ellos página por página. Una vez que lo hayas finalizado, dales un breve resumen: "Así que, mira; en resumen, tenemos un cien por ciento de comisión, cero tasas mensuales, soporte, te pagamos el mismo día, un inventario exclusivo [TU VENTAJA DE VALOR], varias oficinas, sin contratos; si no te gusta donde estás, puedes mover tu licencia mañana".

4. **Pide Cerrar:** Si deseas la venta, ¡tienes que pedirla! Haz la pregunta de cierre (debajo) y, a continuación, deja de hablar. Necesitas silencio, ya que les permite ordenar sus pensamientos y tomar una decisión (cuenta mentalmente hasta diez y sonríe).

a. **Preguntas de Cierre Directas:**

i. Creo que encajarás perfecto aquí y que te va a encantar. ¡Incluso tengo un pequeño regalo de buena suerte para ti! ¿Listo para empezar?

ii. Estupendo; empecemos hoy. ¿Tienes tu licencia para que pueda hacerle una copia?

iii. Empecemos hoy; tengo un gran mentor que te puede mostrar el juego. ¿Tienes tu licencia para que pueda hacerle una copia?

Un pequeño "sí" los comprometerá a firmar en el acto. Si no se han comprometido, eso significa que todavía están pensando en ello. Por lo tanto, es necesario obtener rápidamente pequeños compromisos, "un pequeño sí" por su parte. Esto es lo que puedes preguntar:

b. Preguntas de Cierre Prueba (¿Si yo puedo . . . harías tú?):

i. ¿Si puedo darte dos o tres compradores potenciales en efectivo en este momento, los llamarías hoy?

ii. ¿Si puedo darte dos o tres compradores potenciales en efectivo en este momento, estarías listo para empezar hoy?

iii. ¿Con cuántos clientes potenciales te gustaría comenzar? ¿Dos o tres?

iv. ¿Quieres recibir tus tarjetas de visita aquí o en tu casa?

v. En el momento en que recibas un "pequeño sí" de confirmación, ¡busca el cierre! "Estupendo. Simplemente comienza a completar este paquete de inscripción de cien por ciento, mientras te asigno clientes potenciales". Entonces entrégales la pluma, mira el paquete de inscripción, y sonríe.

c. Pregunta de Cierre 'Hoja de Balance': Toma una hoja de papel y dibuja una línea en la mitad para que puedas enumerar los beneficios de tu empresa frente a los beneficios de su empresa actual:

    i. Por ejemplo, la división del 70/30 de TU CORREDURÍA frente a la de su empresa de bienes raíces, suponiendo un precio de compra de $250,000 x 3% = $7,500 - $795 de TASA FIJA = $6,705 vs $ 5,250 si sólo se quedan con el 70% de la empresa de bienes raíces. Obviamente, tiene sentido cambiarse.

    ii. Tú contra Comparación de Corretaje: Enumera siete beneficios de TU CORREDURÍA y tres beneficios de la suya (después de que te digan lo bueno acerca de su empresa de corretaje actual) y diles: "Ves; somos una mejor opción."

d. Pregunta de Cierre 'Salve María' (si dicen, "Voy a pensar en ello"): No te rindas; intenta estas tres como último recurso:

    i. ¿Qué más puedo hacer para que tomes el siguiente paso hoy?

    ii. ¿Qué más puedo hacer por ti para que puedas empezar a disfrutar de los beneficios de nuestro increíble plan de cien por ciento de comisión hoy?

    iii. ¿Esta información adicional hace que sea más fácil dar el siguiente paso?

5. Al instante en que se unen (es decir, que se inscriben) busca el "DOBLE CIERRE": Felicidades, pero tienes una cosa más para venderles. Siempre querrás cerrar dos veces. En este punto están emocionados y tomaron una decisión firme y creen en ti y en tu correduría. Por lo tanto, consigue una referencia. Golpea cuando el hierro está caliente.

    Pregúntales, "¿A quiénes más conoces que puedas traer? Por favor, dame dos o tres nombres y números, y los llamaré por ti para que puedas conseguir tu tasa de referencia de $200 en sus primeros cierres".

C

Anuncios de Reclutamiento

(Estos son para publicar en craigslist.com, marketing en línea, periódicos locales, emails masivos, periódicos, etc.)

Anuncio #1: En busca de Agentes de Ejecución Hipotecaria (coloca tu valor agregado aquí)

Inserta el logo de tu compañía

ATENCIÓN a todos los agentes de bienes raíces en [TU CIUDAD, ESTADO] Nosotros en [TU NOMBRE] Bienes Raíces estamos buscando a uno o dos agentes ambiciosos, hambrientos y motivados para trabajar nuestro inventario exclusivo y por el cien por ciento de comisión. Todos nuestros agentes ganan el cien por ciento y sólo pagan una tasa fija de [TU PLAN DE PAGO] por transacción. ¡Sin TASAS MENSUALES!

AHORA MISMO ESTAMOS EN UN MERCADO DE VENDEDORES. Las ejecuciones hipotecarias inundarán el mercado este año. Tenemos muchos listados de BOLSILLO (PRE-MLS), y COTIZADAS listas de potenciales compradores. Sólo necesitamos uno o dos agentes para que nos ayuden a TRABAJAR EL INVENTARIO. Por favor llama o envía un email hoy para más información: [TU NOMBRE, NOMBRE DE CORREDURÍA, y NÚMERO DE TELÉFONO].

Anuncio #2: Los Números No Mienten—Anuncio de Realidades del Cien Por Ciento de Comisión

¡Agentes de bienes raíces! Si están pagando más de [TU PLAN DE PAGO] por transacción de sus INGRESOS GANADOS CON ESFUERZO—¡deténganse! Los números no mienten. Supongan que venden una buena casa de familia por $300,000 y que ganan un tres por ciento, lo que equivale a NUEVE MIL DÓLARES. ¿Por qué entregar un centavo más de [TU PLAN DE PAGO] por transacción? Si le estás entregando un 30 POR CIENTO a tu corredor o franquicia por hacer NADA, ESO ES $2,700 ARROJADOS AL DESAGÜE. Un 20 POR CIENTO, son $1,800 que se van, puf, desaparecieron. Un 10 POR CIENTO son $900 ¿por qué? ¡Nada! Cambia hoy, contáctanos para una entrevista confidencial: [TU NOMBRE, NOMBRE DE CORREDURÍA, y NÚMERO DE TELÉFONO].

Anuncio #3: Anuncio de Beneficios Rápidos del Cien Por Ciento de Comisión

Únete al cien por ciento de comisión de corretaje que crece más rápido, [TU NOMBRE] Bienes Raíces, hoy mismo. Tú mereces más dinero. Una mejor remuneración. Tenemos soporte completo. Un excelente entrenamiento. También te pagamos al momento del cierre. Tenemos varias oficinas en [TU CIUDAD/ESTADO]. Revisa el marcador. Los números no mienten. Llámanos o envíanos un email hoy: [TU NOMBRE, NOMBRE DE CORREDURÍA, y NÚMERO DE TELÉFONO].

Acuerdo de Reembolso

AVISO LEGAL: POR FAVOR, HAZ QUE UN ABOGADO REDACTE TU ACUERDO DE REEMBOLSO ESPECÍFICO PARA TU ESTADO. ESTO ES SÓLO CON FINES EDUCATIVOS.

_____, Agente ("Agente") de TU COMPAÑÍA Bienes Raíces, Corredor ("TU COMPAÑÍA" Bienes Raíces) ofrece un reembolso a sus clientes compradores de casas. Un reembolso está disponible sólo a los compradores que cierran garantías/ingresos o a la liquidación final con el Agente de TU COMPAÑÍA Bienes Raíces actuando como su Agente único y exclusivo en la compra de bienes raíces. El reembolso se pagará ya sea en forma de reducción de los costos de cierre o por cheque, si es aprobado, bajo el cierre exitoso de la garantía o liquidación. Los reembolsos se calculan de la siguiente manera:

Para la propiedad listada debajo, el reembolso es el **30%** de la comisión del corredor colaborador realmente recibida por el Agente de TU COMPAÑÍA Bienes Raíces al momento del cierre de la garantía/liquidación, menos una tasa de transacción nominal de $295.00. Ocasionalmente, el vendedor y/o el corredor del listado de una transacción le ofrecerá el corredor que representa al comprador un bono u otro incentivo adicional mayor a la comisión del corretaje del colaborador.

Cualesquiera de esos bonos u otros incentivos adicionales son aparte de la comisión de corretaje del colaborador recibida realmente por el Agente de TU COMPAÑÍA Bienes Raíces, y el comprador no tiene derecho al reembolso de ningún bono u otro incentivo adicional de dinero pagado al Agente de TU COMPAÑÍA Bienes Raíces sobre y mayor a la comisión del corretaje del colaborador.

La cantidad de comisión del corredor colaborador recibida variará según cada propiedad individual. El reembolso se pagará o acreditará a la parte o las partes nombradas como el/los "comprador(es)" o "prestatario(s)" en la Declaración de Cierre HUD-1 o en una declaración de cierre oficial equivalente.

En el caso de un Intercambio de Impuesto Diferido IRC 1031 ("Intercambio"), la parte nombrada como el "comprador o prestatario" es el Intermediario Calificado (la "Compañía de Intercambio") y el reembolso se pagará o acreditará a la Compañía de Intercambio para beneficiar a la parte que lleva a cabo el intercambio (el "Intercambiador").

Todos los compradores, o en el caso de cualquier Intercambio, el Intercambiador debe firmar este Acuerdo de Reembolso antes de que se emita cualquier reembolso. Este programa de reembolso sólo está disponible donde esté permitido por la ley estatal y federal, y cuando no esté prohibido de otra manera por el/los prestamista(s) del comprador. Pueden existir consecuencias de impuestos por el reembolso. Si necesita consejo legal o de impuestos, debe consultar con el profesional adecuado. La oferta está sujeta a condiciones, limitaciones, exclusiones, modificaciones, y/o suspensión sin aviso.

Yo/Nosotros, el comprador (o los compradores) de la propiedad referenciada debajo, le indico (indicamos) por la presente a mi/ nuestro Agente y/o a **TU COMPAÑÍA Bienes Raíces** pagar mi/ nuestro reembolso como **(circular): 1)** aplicable hacia mi/nuestros costos de cierre por garantía o **2)** un cheque de reembolso emitido luego del cierre de garantía/liquidación final. Si esta transacción es un Intercambio, Yo/nosotros entiendo (entendemos) que el cheque de reembolso será emitido a la Compañía de Intercambio.

Por favor enviar los cheques o correspondencia luego del cierre de la garantía/liquidación final al comprador (o a los compradores) a la siguiente **dirección:**

_____

_____

Si esto es un intercambio, por favor proporcione el nombre y la dirección de la Compañía de Intercambio, el Oficial de la Compañía de Intercambio, y el número de expediente de la Compañía de Intercambio: _____

Yo/Nosotros entendemos que mi/nuestro prestamista, Compañía de Intercambio o constructor/desarrollador (en el caso de la construcción de una nueva casa), puede prohibir el pago de este reembolso. En ese caso, yo/nosotros le he/hemos indicado a mi/nuestro Agente y/o a TU COMPAÑÍA Bienes Raíces que realice el pago de otra manera permitida por mi/nuestro prestamista, Compañía de Intercambio, o constructor o desarrollador. En el caso de que mi/nuestro prestamista, Compañía de Intercambio, o constructor/desarrollador prohíba el pago del reembolso por completo, mi/nuestro Agente y/o TU COMPAÑÍA Bienes Raíces no deberá ser obligado a realizar este pago de reembolso.

En ningún caso yo/nosotros tendremos derecho a un reembolso que esté prohibido por mi/nuestro prestamista, Compañía de Intercambio, o constructor/desarrollador y/o por la ley local, estatal o federal.

Dirección de la Propiedad:

_____

_____

_____	_____
Firma del Comprador Fecha	Firma del Comprador Fecha
_____	_____
Nombre en Imprenta Fecha	Nombre en Imprenta Fecha
del Comprador	del Comprador
_____	_____
EIN# Social/Compañía del	EIN# Social/Compañía del
Comprador	Comprador

TU COMPAÑÍA Bienes Raíces, de   Fecha

Acerca del Autor

Aarambh "Aram" Shah es empresario de varios negocios, mentor, y consistente productor de millones de dólares. Aram inició, construyó y vendió una de las mayores compañías de corretaje de cien por ciento en los Estados Unidos con más de 500 agentes de bienes raíces. Aram es uno de los primeros fundadores del modelo de comisión del cien por ciento en la industria del corretaje de bienes raíces a través de América del Norte. Aram también fue un corredor de propiedades reposeídas (REO) representando a varios bancos en los Estados Unidos. Aram posee una Maestría en Ciencias del Desarrollo de Bienes Raíces (MSRED) del Instituto Schack de Bienes Raíces de la Universidad de Nueva York, donde se graduó primero de su clase y ganó el honor "con distinción".

Aram ha escrito dos libros anteriores dentro de la industria de bienes raíces: primero fue *Reo Boom: Cómo Administrar, Enlistar, y Hacer Dinero Con Propiedades Repose*ídas, una guía de información privilegiada para agentes de bienes raíces, que reveló los secretos más vendidos para capitalizar un mercado a la baja durante la gran recesión. El segundo es *El Arte de Vender Propiedades al Por Mayor: Cómo Comprar y Vender Bienes Raíces sin Efectivo o Crédito*, que les mostró a miles de inversores de bienes raíces cómo comprar y vender contratos de bienes raíces con poco o nada.